人人都能
读懂的
治安管理处罚法

插图版

法律出版社司法实务中心 编

北京

图书在版编目（CIP）数据

人人都能读懂的治安管理处罚法：插图版／法律出版社司法实务中心编. -- 北京：法律出版社，2025.
ISBN 978－7－5244－0108－7

Ⅰ. D922.14

中国国家版本馆 CIP 数据核字第 2025HY8294 号

人人都能读懂的治安管理处罚法（插图版） RENREN DOUNENG DUDONG DE ZHIAN GUANLI CHUFAFA（CHATUBAN）	法律出版社司法实务中心 编	策划编辑 周 洁 林 蕊 责任编辑 周 洁 林 蕊 装帧设计 李 瞻

出版发行 法律出版社　　　　　　　　开本 880 毫米×1230 毫米　1/32
编辑统筹 司法实务出版分社　　　　　印张 4.375　字数 102 千
责任校对 王晓萍　　　　　　　　　　版本 2025 年 7 月第 1 版
责任印制 胡晓雅　　　　　　　　　　印次 2025 年 7 月第 1 次印刷
经　　销 新华书店　　　　　　　　　印刷 保定市中画美凯印刷有限公司

地址：北京市丰台区莲花池西里 7 号（100073）
网址：www.lawpress.com.cn　　　　　销售电话：010－83938349
投稿邮箱：info@lawpress.com.cn　　 客服电话：010－83938350
举报盗版邮箱：jbwq@lawpress.com.cn　咨询电话：010－63939796
版权所有·侵权必究

书号：ISBN 978－7－5244－0108－7　　　定价：35.00 元
凡购买本社图书，如有印装错误，我社负责退换。电话：010－83938349

本书编委会

张　涛　佟艳艳　张　璐　魏文风

陈幽燕　毕安迪　杨文龙　王　静

戴婧婧　刘云飞　周艺凡

编写说明

《治安管理处罚法》与人民群众的生活息息相关，在维护社会治安秩序，保障公共安全，保护公民、法人和其他组织的合法权益等方面发挥着重要作用。

2025年6月，该法迎来施行13年以来第一次修订，结合全面依法治国深入推进、社会治安形势发展变化做了较大幅度的修改。

为了为全社会学习《治安管理处罚法》提供好读、实用的普法读物，我们特别邀请北京市通州区人民法院行政审判庭法官编写了这本《人人都能读懂的治安管理处罚法（插图版）》。

本书针对《治安管理处罚法》广受大众关注的最新规定、常见问题，包括高空抛物、无人机"黑飞"、"正当防卫"、侵害个人信息权益等，进行了重点关注和介绍。

本书采用以案说法的形式，案例源于真实生活，既有利于读者学习理解《治安管理处罚法》，又便于大家学以致用，解决生活中的法律问题。

本书在形式上注意趣味性和知识性的结合。每一个案例都以故事的形式展现，配以场景化的生动插图，避免读者因为法律语言过于生涩而对学习《治安管理处罚法》产生畏惧心理。

本书在资料的选取上，力求覆盖特定群体应知应会的关键问题，既包括最新的热点规定，也包括治安管理常见、高发问题的有关规定；

既涉及具体的法律规定，也包括核心的法律原则要义，有助于读者全面学习和掌握《治安管理处罚法》的核心内容。

希望本书的出版能够引起更多读者学习《治安管理处罚法》的兴趣，帮助大家培养遇事找法的习惯，让《治安管理处罚法》走到群众身边、走进群众心里。由于编者能力所限，难免存在疏漏和不尽如人意的地方，敬请读者批评指正。

编者

2025 年 6 月

目 录 Contents

第一章　总　　则

01　多次盗窃他人盆栽，检察院作出不起诉决定就万事大吉了吗？ /003
02　《治安管理处罚法》没有规定，公安机关有权加处罚款吗？ /004
03　对乘坐我国飞机在外国领空互殴的行为，可以适用《治安管理处罚法》处罚吗？ /005
04　违法后有不予治安管理处罚的情况吗？ /006
05　治安案件可以用赔偿代替处罚吗？ /007

第二章　处罚的种类和适用

06　外国留学生在我国卖淫会被驱除出境吗？ /011
07　赌球输的钱报警能要回来吗？ /012
08　未成年人违反治安管理应当如何处罚？ /013
09　精神病人打人一律不承担责任吗？ /014
10　酒后闯入他人住宅是否应受处罚？ /015
11　行政拘留最长多少天？ /016
12　胁迫他人盗取个人信息是否应受处罚？ /017
13　妻子直播其他女人洗澡给自己老公看，应当如何处罚？ /018

14　为制止不法侵害造成损害，属于违反治安管理的行为吗？ / 019

15　主动消除或者减轻违法后果，可以从轻、减轻或者不予行政处罚吗？ / 020

16　取得被侵害人谅解，会影响行政处罚结果吗？ / 021

17　教唆他人违反治安管理的，会比被教唆人受到更重的处罚吗？ / 022

18　行政拘留处罚决定作出后都要交付执行吗？ / 023

19　老人违反治安管理，都不执行行政拘留处罚吗？ / 024

20　对于依法不予处罚或者不执行行政拘留的未成年人，公安机关应当采取什么措施？ / 025

21　多久之前的违反治安管理行为可以不再处罚？ / 026

第三章　违反治安管理的行为和处罚

22　村委会选举中以请客吃饭的方式进行拉票违法吗？ / 029

23　无偿代替他人考试违法吗？ / 030

24　观看演出时，强行闯入演出区域违法吗？ / 031

25　看球时向场内扔杂物违法吗？ / 032

26　扰乱球赛秩序除了被行政处罚，还会受到其他影响吗？ / 033

27　恶意拨打"110"谎报警情应受什么处罚？ / 034

28　为泄愤搞假投毒，会受到行政处罚吗？ / 035

29　扬言实施极端行为，会受到行政处罚吗？ / 036

30　因单相思而追逐拦截意中人，属于违法行为吗？ / 037

31　强行冲撞停车场围栏，应当承担什么责任？ / 038

32　反复劝说亲友从事邪教活动，会受到行政处罚吗？ / 039

33　冒充"神医"损害他人健康的行为会受到行政处罚吗？ / 040

34　非法使用、占用无线电频率，从事违法活动，会受到行政处罚吗？ / 041

35	利用漏洞登录网吧系统逃费上网，会受到行政处罚吗？ / 042
36	传播计算机病毒会受到行政处罚吗？ / 043
37	组织领导传销活动应受到什么处罚？ / 044
38	诱骗他人参加传销活动，会受到什么处罚？ / 045
39	国家公祭日穿侵华日军军装恶搞，应受到什么处罚？ / 046
40	恶搞英烈形象应承担什么责任？ / 047
41	亵渎烈士事迹会受到处罚吗？ / 048
42	身穿印有宣传、美化侵略战争、侵略行为内容的衣服逛街是穿衣自由吗？ / 049
43	囤积液化气钢瓶的行为违法吗？ / 050
44	丢失危险物质不报告应承担什么法律责任？ / 051
45	携带管制器具但未实际使用是否会被处罚？ / 052
46	移动边境界碑后又移回原处，还会被处罚吗？ / 053
47	强行进入飞机驾驶舱会受到什么处罚？ / 054
48	在飞机上使用手机打电话会受到处罚吗？ / 055
49	盗窃铁路安全标识会受到什么处罚？ / 056
50	未设置禁止进入标识的铁路防护网可以随意进入吗？ / 057
51	"与时间赛跑、与列车抢道"是否可取？ / 058
52	为防野猪，村民可以自设电网吗？ / 059
53	白天在道路挖坑施工可以不设置警示标志吗？ / 060
54	盗窃井盖会受到什么处罚？ / 061
55	中秋佳节放孔明灯庆祝违法吗？ / 062
56	举办美食节是否需要公安机关许可？ / 063
57	违反安全规定在自建房内开设"休闲娱乐城"，会受到什么处罚？ / 064
58	在机场附近"黑飞"会受到什么处罚？ / 065

59 未经允许进入他人住所,会受到什么处罚? / 066

60 因民事纠纷非法限制他人人身自由的,会受到什么处罚? / 067

61 拦车乞讨会受到什么行政处罚? / 068

62 在微信群公然辱骂、威胁他人会受到什么处罚? / 069

63 捏造事实诬告陷害他人会受到什么行政处罚? / 070

64 对他人进行电话骚扰、发送淫秽信息,会受到什么行政处罚? / 071

65 通过网络散播明星个人隐私会受到什么处罚? / 072

66 故意殴打他人导致轻微伤,会受到什么处罚? / 073

67 殴打"老幼孕残",应当如何处罚? / 074

68 "咸猪手"会受到处罚吗? / 075

69 子女虐待老人,需要承担什么法律责任? / 076

70 强迫他人出卖商品,会受处罚吗? / 077

71 在网络上公开发表侮辱少数民族的言论,需要承担什么责任? / 078

72 私自出售他人信息,会被行政处罚吗? / 079

73 非法获取他人个人信息,会受到什么行政处罚? / 080

74 私拆、藏匿他人信件会受处罚吗? / 081

75 假称有运输业务骗取押金,会受到什么处罚? / 082

76 醉酒后打砸饭馆桌椅,公安机关会如何处理? / 083

77 教师发现校园欺凌却不及时制止,应承担什么责任? / 084

78 冒用国家机关工作人员身份招摇撞骗的,会受到什么行政处罚? / 085

79 副总经理为用章方便伪造自己公司的印章违法吗? / 086

80 倒卖演唱会门票属于违法行为吗? / 087

81 未经许可经营旅店违法吗? / 088

82 可以将房屋出租给拒绝登记身份信息的人吗? / 089

83 承租人利用出租房屋实施犯罪活动,房屋出租人不向公安机关报告,会受到处罚吗? / 090

84	典当业工作人员在承接典当的物品时未查验登记,会受到处罚吗?	/091
85	收购有赃物嫌疑的物品,会受到处罚吗?	/092
86	交通事故中的"顶包"行为会受到处罚吗?	/093
87	偷开他人机动车,会受到什么处罚?	/094
88	故意破坏他人坟墓,是否应受处罚?	/095
89	不满民事诉讼结果,把尸体放在法院门口,应受什么处罚?	/096
90	把房子租给他人组织播放淫秽音像是否应受处罚?	/097
91	为赌博提供场地应受到什么处罚?	/098
92	玩"炸金花"应受什么处罚?	/099
93	在自己的菜地里种大麻会受处罚吗?	/100
94	替他人保管海洛因违法吗?	/101
95	引诱他人吸食"彩虹烟",应受什么处罚?	/102
96	广场舞变"扰民舞"是否应受处罚?	/103
97	不拴绳遛狗,没有伤到人,饲养者就不需要承担法律责任吗?	/104

第四章　处罚程序

98	公安机关不予立案,是否需要向报案人说明理由?	/107
99	公安机关向有关单位和个人收集、调取证据时,单位和个人应当怎么配合公安机关调查?	/108
100	其他行政执法机关依法收集的证据材料,公安机关办理治安案件中可以作为证据使用吗?	/109
101	公安机关办理涉及商业秘密的案件有什么特别需要注意的?	/110
102	民警的近亲属与案件处理有利害关系的,民警办案时需要回避吗?	/111
103	当事人拒绝口头传唤,公安机关可以采取什么措施?	/112

104	《治安管理处罚法》对违反治安管理的行为人询问时长有什么要求？ / 113
105	公安机关可以单独询问违反治安管理的未成年人吗？ / 114
106	公安机关办案时，能扣押个人物品吗？ / 115
107	公安机关办案中如何确定被毁坏财物的价值？ / 116
108	派出所可否作出拘留的处罚决定？ / 117
109	公安机关作出处罚决定前，被处罚人有权进行陈述和申辩吗？ / 118
110	公安机关作出的处罚决定都要经过法制审核吗？ / 119
111	处罚决定书作出7日后才送达被处罚人符合法律规定吗？ / 120
112	公安机关作出处罚决定前，都要举行听证吗？ / 121
113	公安机关办理治安案件，是否必须在30日内办结？ / 122
114	对违法行为罚款300元，是否可以当场作出处罚决定？ / 123
115	被处罚人需要参加高考，是否可以先不执行行政拘留？ / 124

第五章　执法监督

| 116 | 未成年人的违法记录，其他人可以查询吗？ / 127 |

第一章
总　　则

01 多次盗窃他人盆栽，检察院作出不起诉决定就万事大吉了吗？

朱某遛弯时多次顺手把某单位门口的盆栽偷拿回家，某单位报警后朱某被抓获。因朱某承认自己的盗窃行为并退回所有偷走的盆栽，检察院认为朱某的盗窃行为情节显著轻微，危害不大，不构成犯罪，作出不起诉决定。这意味着朱某的盗窃行为就不受法律追究了吗？

《治安管理处罚法》规定，扰乱公共秩序，妨害公共安全，侵犯人身权利、财产权利，妨害社会管理，具有社会危害性，依照《刑法》的规定构成犯罪的，依法追究刑事责任；尚不够刑事处罚的，由公安机关依照《治安管理处罚法》给予治安管理处罚。朱某的盗窃行为虽然不构成犯罪，但应由公安机关给予治安管理处罚。

《治安管理处罚法》第三条

02 《治安管理处罚法》没有规定，公安机关有权加处罚款吗？

小王因为在网上发帖辱骂他人被公安机关罚款 500 元，限 15 日内缴纳。2 个月后，他又收到了一份加处罚款决定书，以他没有按期缴纳罚款为由，加处罚款 500 元。小王翻遍了《治安管理处罚法》，也没有看到加处罚款的规定。《治安管理处罚法》没有规定，公安机关有权加处罚款吗？

《治安管理处罚法》规定，治安管理处罚的程序，适用该法的规定；该法没有规定的，适用《行政处罚法》《行政强制法》的有关规定。《行政处罚法》规定，当事人到期不缴纳罚款的，作出行政处罚决定的行政机关可以每日按罚款数额的 3% 加处罚款，加处罚款的数额不得超出罚款的数额。小王没有按期缴纳罚款，公安机关有权根据《行政处罚法》的规定对他加处罚款。

《治安管理处罚法》第四条

03 对乘坐我国飞机在外国领空互殴的行为，可以适用《治安管理处罚法》处罚吗？

小王乘坐国航班机到东亚某国旅游。进入某国领空后，小王因座位问题与小李发生争执进而互殴，空警告知二人将根据《治安管理处罚法》对他们进行处罚。小王不服，认为他们的违法行为发生在国外，不能适用我国的法律处理，他的理由对吗？

《治安管理处罚法》规定，在中华人民共和国船舶和航空器内发生的违反治安管理行为，除法律有特别规定的外，适用该法。小王与小李的互殴行为发生在我国航空器内，应当适用《治安管理处罚法》予以处罚。

《治安管理处罚法》第五条第二款

04　违法后有不予治安管理处罚的情况吗？

因孩子想吃西瓜却没钱购买，刘某溜到本村瓜农赵某的西瓜地偷了两个大西瓜，被巡逻的保安当场抓获扭送到派出所。经称重，两个西瓜净重为12公斤，价值200元左右。派出所经调查发现刘某是初次违法，刘某主动承认盗窃事实，瓜农赵某也表示谅解，遂决定对刘某不予处罚。派出所不予处罚的决定合法吗？

《治安管理处罚法》规定，治安管理处罚必须以事实为依据，与违反治安管理的事实、性质、情节以及社会危害程度相当。刘某初次违法，数额较小，并得到了受害人谅解，根据其违法的事实、性质、情节和社会危害程度可以不予处罚。

《治安管理处罚法》第六条第一款

05　治安案件可以用赔偿代替处罚吗？

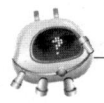

一天，小张在一座桥上开车与骑电动自行车的小李发生了剐蹭。争执过程中，小张一气之下将小李的电动自行车推到桥下。经鉴定，小李的电动自行车价值 1000 元，已完全报废。小张觉得大不了多赔点钱，自己不会受到行政处罚。小张真的可以用赔偿代替行政处罚吗？

《治安管理处罚法》规定，对于因为民间纠纷引起的打架斗殴或者毁损他人财物等违反治安管理的行为，情节较轻的，公安机关可以调解处理。经公安机关调解，当事人达成协议的，不予处罚。经调解未达成协议或者达成协议后不履行的，公安机关应当依照该法的规定对违反治安管理的行为作出处理，并告知当事人可以就民事争议依法向人民法院提起民事诉讼。小张故意毁损小李的电动自行车，如果双方无法达成调解协议，公安机关会对其行为作出处理，并告知小李可以提起民事诉讼。

《治安管理处罚法》第九条

第二章
处罚的种类和适用

06　外国留学生在我国卖淫会被驱除出境吗?

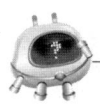

某外国留学生安娜为了挣学费,通过网络联系男性以每次2000元的价格卖淫。一天,她在车内与一男子交易时被公安人员当场抓获。安娜最担心的不是被罚款、拘留,而是被驱逐出境,没法继续上学。她会被驱逐出境吗?

《治安管理处罚法》规定,治安管理处罚的种类分为:(1)警告;(2)罚款;(3)行政拘留;(4)吊销公安机关发放的许可证件。对违反治安管理的外国人,可以附加适用限期出境或者驱逐出境。安娜从事卖淫行为,违反治安管理,除了给予其罚款、拘留等处罚外,可以附加适用限期出境或者驱逐出境。

《治安管理处罚法》第十条

07 赌球输的钱报警能要回来吗？

世界杯期间，小张与同学小孙打赌：如果法国队得冠军，小张输给小孙 2000 元；如果阿根廷队得冠军，小孙输给小张 2000 元。结果法国队得了冠军，小张输掉的是准备用来交学费的钱。没钱交学费了，小张突发奇想，是不是可以报警，让警察叔叔帮他把输掉的钱要回来呢？

《治安管理处罚法》规定，办理治安案件所查获的毒品、淫秽物品等违禁品，赌具、赌资，吸食、注射毒品的用具以及直接用于实施违反治安管理行为的本人所有的工具，应当收缴，按照规定处理。小张的行为属于赌博，他输掉的钱属于赌资，即使被公安机关查获，也应当依法收缴。

《治安管理处罚法》第十一条第一款

08 未成年人违反治安管理应当如何处罚？

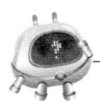

小赵是某学校初三年级的学生，刚满14周岁，因为追求同学小灵被拒绝，就到处散布关于小灵生活作风不好、跟多名男生有不正当关系的谣言。小灵家长报警后小赵被抓获。公安机关经调查查明，小赵散布的消息纯属捏造。小赵散布谣言，应当受到何种处罚？

《治安管理处罚法》规定，已满14周岁不满18周岁的人违反治安管理的，从轻或者减轻处罚；不满14周岁的人违反治安管理的，不予处罚，但是应当责令其监护人严加管教。小赵的行为属于捏造事实诽谤他人，因他是年满14周岁的未成年人，应当从轻或者减轻处罚。

《治安管理处罚法》第十二条

09　精神病人打人一律不承担责任吗？

王某在商场购物时，因价格问题与售货员张某发生争吵，争吵中王某对张某拳打脚踢，造成张某头破血流，经鉴定为轻微伤。在公安机关处理过程中，王某提出，自己是精神病人，不应承担责任。经鉴定，王某属于间歇性精神病人，打人时精神正常。王某应当受到治安管理处罚吗？

《治安管理处罚法》规定，精神病人、智力残疾人在不能辨认或者不能控制自己行为的时候违反治安管理的，不予处罚，但是应当责令其监护人加强看护管理和治疗。间歇性的精神病人在精神正常的时候违反治安管理的，应当给予处罚。王某打人时精神正常，应当受到治安管理处罚。

《治安管理处罚法》第十三条

10 酒后闯入他人住宅是否应受处罚？

老王失恋后心情郁闷，独自喝了一斤白酒后去找女友小美求复合。小美见他喝醉，不敢开门。老王借着酒劲把门撞开后闯入，小美吓得报警。警察到来后老王仍疯闹不止，警察只好强行把他约束到酒醒。老王酒醒后对自己的行为毫无记忆，他应当受到行政处罚吗？

《治安管理处罚法》规定，醉酒的人违反治安管理的，应当给予处罚。醉酒的人在醉酒状态中，对本人有危险或者对他人的人身、财产或者公共安全有威胁的，应当对其采取保护性措施约束至酒醒。老王的行为属于非法侵入他人住宅，违反治安管理，不因是醉酒后所为就可以不受到行政处罚。

《治安管理处罚法》第十五条

11 行政拘留最长多少天？

小李生性顽劣，多次因寻衅滋事被行政处罚。这次他在单位聚餐时一言不合就大打出手，不但打了好几个同事，还砸坏了很多酒店的餐具桌椅，因此被拘留20日。根据以前的经验，他认为行政拘留不能超过15日，这次公安机关拘留他20日，是故意打击报复。行政拘留最长可以是多少天？

《治安管理处罚法》规定，有两种以上违反治安管理行为的，分别决定，合并执行处罚。行政拘留处罚合并执行的，最长不超过20日。小李既殴打他人，又故意毁坏财物，对两种违反治安管理行为都应给予行政拘留的处罚，合并执行最长可以拘留20日。

《治安管理处罚法》第十六条

12　胁迫他人盗取个人信息是否应受处罚？

小王为了买心仪的苹果手机，向贷款公司借了1万元，2年后利滚利到了5万元，根本还不起。贷款公司经理小高对他说，可以拿同学的姓名、地址、父母联系方式等个人信息抵债，否则就找他父母讨债。小王怕被父母知道，就去老师办公室偷了全班学籍登记表给小高。后来小王觉得自己不能一错再错，向公安机关自首，小高也被公安机关抓获。小高应当受到什么处罚？

《治安管理处罚法》规定，教唆、胁迫、诱骗他人违反治安管理的，按照其教唆、胁迫、诱骗的行为处罚。小王窃取同学的个人信息违反治安管理；他是受小高胁迫而作出违法行为的，对小高应当按照小王的行为处罚。

《治安管理处罚法》第十七条第二款

13 妻子直播其他女人洗澡给自己老公看，应当如何处罚？

女子王某在某洗浴中心洗澡时，用手机偷拍正在洗澡的其他人，还边录边说："怎么样，满意了吧？"其他顾客发现异常后报警。公安机关查明，王某是应她老公张某的要求直播女人洗澡给张某看。对王某、张某夫妻应如何处罚？

《治安管理处罚法》规定，共同违反治安管理的，根据行为人在违反治安管理行为中所起的作用，分别处罚。教唆、胁迫、诱骗他人违反治安管理的，按照其教唆、胁迫、诱骗的行为处罚。王某偷拍直播他人洗澡是受其老公教唆，二人属于共同违反治安管理，应分别受到处罚，张某教唆王某偷拍，应当按照王某实施的违法行为处罚。

《治安管理处罚法》第十七条

14 为制止不法侵害造成损害，属于违反治安管理的行为吗？

王某在下班回家路上被李某拦截、辱骂并殴打，王某进行闪躲，其间与李某有推搡、拉扯等身体冲突，后李某受到皮外伤、肌肉拉伤等伤害，经鉴定未构成轻微伤。在公安机关调查处理过程中，李某找到王某说："咱俩属于互殴，为了不被拘留，就互不追究吧。"李某说的对吗？

《治安管理处罚法》规定，为了免受正在进行的不法侵害而采取的制止行为，造成损害的，不属于违反治安管理行为，不受处罚；制止行为明显超过必要限度，造成较大损害的，依法给予处罚，但是应当减轻处罚；情节较轻的，不予处罚。王某受到李某的殴打，为免受不法侵害而采取的推搡、拉扯等制止行为，并未明显超过必要限度，造成李某的损害亦不属于较大损害，情节较轻，不应受到行政处罚。

《治安管理处罚法》第十九条

15 主动消除或者减轻违法后果,可以从轻、减轻或者不予行政处罚吗?

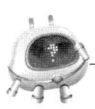

小汪与老林因楼道堆放杂物问题发生争吵,在争吵中,小汪一气之下随手拿起楼道里的一根棍子把老林的自行车砸坏了,老林拨打电话报警。小汪很快冷静下来,对自己的行为感到非常后悔,在民警到了以后,他主动承认错误,还扛着老林的自行车找修理店维修,并把修好的自行车还给老林,向老林诚恳地道歉。小汪的行为符合从轻、减轻或不予处罚的情形吗?

我把车修好了

《治安管理处罚法》规定,违反治安管理但主动消除或者减轻违法后果的,从轻、减轻或者不予处罚。小汪的行为属于故意毁损公私财物,系违法行为,应受到行政处罚,但其积极采取补救措施,将自行车修好,主动消除了违法后果,依法应当从轻、减轻或者不予处罚。

《治安管理处罚法》第二十条第(二)项

16 取得被侵害人谅解，会影响行政处罚结果吗？

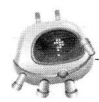

张三、李四和小王、小范是同宿舍舍友。一日，四人因宿舍卫生问题闹了别扭，张三和李四偷偷约好，分别把小王和小范的自行车骑走藏起来，教训他俩一下。小王和小范发现自行车丢失后报警。公安人员很快查明情况并找到张三和李四，告知其行为涉嫌盗窃。张三满不在乎，拒不配合民警调查。李四羞愧难当，主动向小范道歉并取得谅解，表示愿意接受处罚。张三和李四的不同态度，会影响行政处罚结果吗？

《治安管理处罚法》规定，违反治安管理取得被侵害人谅解的，从轻、减轻或者不予处罚。张三和李四盗窃自行车，属于盗窃行为，因未达到刑事犯罪标准，应当给予其治安管理处罚，但因李四积极道歉，取得了被侵害人小范的谅解，依法从轻、减轻或者不予处罚；张三拒不配合调查，不能从轻、减轻或不予处罚。

《治安管理处罚法》第二十条第（三）项

17 教唆他人违反治安管理的，会比被教唆人受到更重的处罚吗？

张某是李某的上司。一天，张某让李某在公司微信群里辱骂同事王某，表示干得好可以给李某升职加薪。王某报警。在公安机关调查中，李某交代自己是受上司张某教唆，自己怕被裁员不得不照做。公安机关对张某作出罚款500元的处罚，对李某作出罚款200元的处罚。为什么张某会受到更重的处罚？

《治安管理处罚法》规定，教唆、胁迫、诱骗他人违反治安管理的，从重处罚。本案中，张某作为李某的上司，教唆李某实施违法行为，应当按照其教唆的内容给予处罚，并且从重处罚。

《治安管理处罚法》第二十二条第（二）项

18 行政拘留处罚决定作出后都要交付执行吗？

小范与小林因琐事互殴，最终小范和小林均被处以拘留 3 日的行政处罚。小林执行拘留完毕后得知小范一直在家哺乳不满 1 周岁的女儿，根本没有执行拘留，故举报派出所故意偏袒小范。她的举报成立吗？

《治安管理处罚法》规定，违反治安管理行为人怀孕或者哺乳自己不满 1 周岁婴儿，依法应当给予行政拘留处罚的，不执行行政拘留处罚。小范虽然被处以行政拘留，但因正在哺乳自己不满 1 周岁的女儿，符合不执行行政拘留处罚的情形，小林的举报不成立。实质上，本条是对特殊群体的保护，除了怀孕或者哺乳自己不满 1 周岁婴儿的，对于以下人群也不执行行政拘留处罚，但例外情形除外：已满 14 周岁不满 16 周岁的；已满 16 周岁不满 18 周岁，初次违反治安管理的；70 周岁以上的。

《治安管理处罚法》第二十三条第一款

19 老人违反治安管理，都不执行行政拘留处罚吗？

老王是个健身达人，75周岁了依然保持每周3天的健身强度。一日，他因在健身房里和他人打架被处以拘留5日的行政处罚，但因为已经超过70周岁，依法不执行拘留。老王此后逢人便说，老人可以不拘留，派出所也拿他没办法。不久，老王又在健身房殴打他人，还破坏了很多健身器械，派出所又对他作出了拘留5日的行政处罚，老王这次的拘留还会不执行吗？

《治安管理处罚法》规定，70周岁以上的行为人违反治安管理情节严重、影响恶劣或者在1年以内两次以上违反治安管理的，不受该条第1款不执行行政拘留规定的限制。老王短时间内两次违反治安管理，公安机关可以对其执行行政拘留处罚。

《治安管理处罚法》第二十三条第二款

20 对于依法不予处罚或者不执行行政拘留的未成年人，公安机关应当采取什么措施？

小明在学校故意殴打同学小强被处以拘留的行政处罚，因系未成年人且初次违反治安管理，依法不执行行政拘留处罚。小强的家长非常生气，认为派出所偏袒小明，行政处罚决定书成了一纸空文，对小明没有任何教育和惩戒。真的是这样吗？

《治安管理处罚法》规定，对依照该法第 12 条规定不予处罚或者依照该法第 23 条规定不执行行政拘留处罚的未成年人，公安机关依照《预防未成年人犯罪法》的规定采取相应矫治教育等措施。因此，小明虽然不执行行政拘留处罚，但公安机关还会依法对其采取相应的矫治教育等措施。

《治安管理处罚法》第二十四条

21 多久之前的违反治安管理行为可以不再处罚？

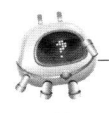

大壮和小兵是初中同学，毕业后又在一个单位工作。由于工作中有摩擦，两人渐生嫌隙。一日，小兵在单位食堂当众辱骂大壮，大壮报警后，小兵被公安机关罚款 200 元。被处罚后，小兵突然想起大壮初中时曾经在争执中咬伤过自己的手指，于是立刻报警，要求对大壮进行处罚。公安人员接警后却对他说，时间太久了，不能再对大壮进行处罚。多久之前的违反治安管理行为可以不再处罚呢？

你咬伤了我的手指

你摔坏了我的玩具

《治安管理处罚法》规定，违反治安管理行为在 6 个月以内没有被公安机关发现的，不再处罚。大壮咬伤小兵的行为虽然违反治安管理，但公安机关发现时已经超过了 6 个月，依法不再处罚。

《治安管理处罚法》第二十五条第一款

第三章
违反治安管理的行为和处罚

22 村委会选举中以请客吃饭的方式进行拉票违法吗？

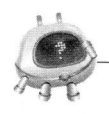

老王为了当上村民委员会主任，在换届选举前多次宴请村民、村民代表，并在席间拉票。老王心想：我打感情牌拉票，不闹事、不扰乱投票现场秩序，谁也拿我没办法。他的这种想法对吗？

《治安管理处罚法》规定，破坏依法进行的选举秩序的，处警告或者500元以下罚款；情节较重的，处5日以上10日以下拘留，可以并处1000元以下罚款。老王请客吃饭进行拉票属于贿选，扰乱了换届选举活动的正常秩序，属于破坏依法进行的选举秩序的违法行为，应依照上述规定处以相应的行政处罚。需要说明的是，在选举各级人民代表大会代表和国家机关领导人员时，以暴力、威胁、欺骗、贿赂、伪造选举文件、虚报选举票数等手段破坏选举或者妨害选民和代表自由行使选举权和被选举权，构成破坏选举罪，将受到刑事处罚。

《治安管理处罚法》第二十六条第一款第（五）项

23　无偿代替他人考试违法吗？

孙某和刘某是大学同学，刘某是班级的"学霸"。一日，孙某找刘某商量："xx执业资格考试有一部分是机考，替考不容易被发现，到时候你帮我考吧。"刘某欣然答应，心想只要不收钱就行，就算被发现了，也就是被批评教育一下。刘某的想法对吗？

《治安管理处罚法》规定，在法律、行政法规规定的国家考试中，代替他人考试，扰乱考试秩序的，处违法所得1倍以上5倍以下罚款；没有违法所得或者违法所得不足1000元的，处1000元以上3000元以下罚款；情节较重的，处5日以上15日以下拘留。刘某的行为属于扰乱考试秩序，即使不收取报酬，也违反治安管理，应按照没有违法所得的情形给予相应的行政处罚。需要说明的是，代替他人或者让他人代替自己参加法律规定的国家考试的，可能构成代替考试罪，将受到刑事处罚。

《治安管理处罚法》第二十七条第（四）项

24　观看演出时，强行闯入演出区域违法吗？

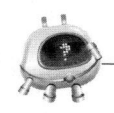

小李在观看某大型文艺演出时，看到自己喜爱的明星便不顾现场工作人员的阻拦，冲出观众席强行闯入演出区域，要求合影，引起了演出现场的一阵骚乱。小李强行闯入演出区域的行为违法吗？

《治安管理处罚法》规定，强行进入场内，扰乱体育、文化等大型群众性活动秩序的，处警告或者500元以下罚款；情节严重的，处5日以上10日以下拘留，可以并处1000元以下罚款。小李强行闯入演出区域，引起骚乱，属于扰乱大型群众性活动秩序的行为，应当受到相应行政处罚。

《治安管理处罚法》第二十八条第一款第（一）项

25 看球时向场内扔杂物违法吗?

小王与好友相约观看足球比赛。看到不是自己支持的球队进球时,小王与好友愤怒难耐,拒不听从现场工作人员的劝阻,多次将手中的矿泉水瓶砸向场内。小王认为,球迷看球时向场内扔矿泉水瓶是受球场氛围影响,属于足球圈的惯例,只要没伤到人就不违法。真是这样吗?

《治安管理处罚法》规定,向场内投掷杂物,不听制止,扰乱体育、文化等大型群众性活动秩序的,处警告或者 500 元以下罚款;情节严重的,处 5 日以上 10 日以下拘留,可以并处 1000 元以下罚款。小王不顾工作人员劝阻,多次向场内投掷矿泉水瓶,扰乱了体育比赛秩序,应受到相应行政处罚。

《治安管理处罚法》第二十八条第一款第(五)项

26 扰乱球赛秩序除了被行政处罚，还会受到其他影响吗？

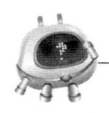

小王打算去观看足球比赛，通过自助购票机购票时却被告知无法购票。小王左思右想，自己半年前因为扰乱球赛秩序被作出拘留的处罚，已经执行完毕了，除此之外没有其他违法行为，为什么会无法购票呢？

对不起，您已被禁止观看比赛，无法购票。

《治安管理处罚法》规定，因扰乱体育比赛、文艺演出活动秩序被处以拘留处罚的，可以同时责令其6个月至1年以内不得进入体育场馆、演出场馆观看同类比赛、演出。小王因扰乱体育比赛秩序被处行政拘留，还可能被责令6个月至1年以内不得进入体育场馆观看同类比赛，他此次购票时禁止观赛期限还未届满，所以无法购票。

《治安管理处罚法》第二十八条第二款

27 恶意拨打"110"谎报警情应受什么处罚?

吴某在家中观看《警察故事》时突发奇想,"自己从来没报过警呢,不如也打个'110'试试",遂拨打"110"报警称小区内有人打架斗殴。公安人员赶到现场后,吴某承认自己是为图好玩报了假警。吴某的行为违法吗?

> "110"吗?我们小区有人打架斗殴……

《治安管理处罚法》规定,故意散布谣言,谎报险情、疫情、灾情、警情或者以其他方法故意扰乱公共秩序的,处5日以上10日以下拘留,可以并处1000元以下罚款;情节较轻的,处5日以下拘留或者1000元以下罚款。吴某恶意拨打"110"谎报警情,应当受到相应的处罚。需要说明的是,编造虚假的险情、疫情、灾情、警情,在信息网络或者其他媒体上传播,或者明知是上述虚假信息,故意在信息网络或者其他媒体上传播,严重扰乱社会秩序的,可能构成编造、故意传播虚假信息罪,将受到刑事处罚。

《治安管理处罚法》第二十九条第(一)项

28　为泄愤搞假投毒，会受到行政处罚吗？

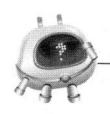

张某因不满村集体分配承包地方案，在全村2000多人共用的水井里投进5袋面粉，想制造井水被投毒的假象，给村"两委"班子成员"添点堵"。第二天，村民打水时发现水质浑浊，村委会主任立即通知停止使用水井并报警。张某见事情闹大了，主动向公安机关陈述实情。张某会受到处罚吗？

《治安管理处罚法》规定，投放虚假的爆炸性、毒害性、放射性、腐蚀性物质或者传染病病原体等危险物质扰乱公共秩序的，处5日以上10日以下拘留，可以并处1000元以下罚款；情节较轻的，处5日以下拘留或者1000元以下罚款。张某为了给村委会添堵向水井投放面粉的行为，制造了水井被投毒的假象，扰乱了公共秩序，应受到相应的行政处罚。需要说明的是，投放虚假的爆炸性、毒害性、放射性、传染病病原体等物质的，可能构成投放虚假危险物质罪，将受到刑事处罚。

《治安管理处罚法》第二十九条第（二）项

29 扬言实施极端行为，会受到行政处罚吗？

网民郭某因感情受挫，在多个微信群里扬言要到核心地段报复社会，拉几个人陪自己死，引发了社会恐慌。警察找他调查时，郭某表示并非要真正实施该行为，只是为了发泄心中情绪随便说说而已。郭某会因此受到行政处罚吗？

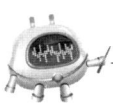

《治安管理处罚法》规定，扬言实施放火、爆炸、投放危险物质等危害公共安全犯罪行为扰乱公共秩序的，处 5 日以上 10 日以下拘留，可以并处 1000 元以下罚款；情节较轻的，处 5 日以下拘留或者 1000 元以下罚款。郭某在多个微信群扬言实施极端行为，虽未真正实施，但也造成了不良社会影响，扰乱了公共秩序，应受到相应的行政处罚。需要说明的是，编造爆炸威胁、生化威胁、放射威胁等恐怖信息，或者明知是编造的恐怖信息而故意传播，严重扰乱社会秩序的，可能构成编造、故意传播虚假恐怖信息罪，将受到刑事处罚。

《治安管理处罚法》第二十九条第（三）项

30 因单相思而追逐拦截意中人，属于违法行为吗？

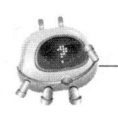

小帅在一次朋友聚餐时认识了小美，一下子被吸引住了，聚餐结束后直接对小美表白，被小美果断拒绝。小帅不死心，打听到小美的住址，每天在小美家门口蹲守，一见到她就拦住，狂热地表达爱意，并经常尾随小美到单位。小帅的行为违法吗？

《治安管理处罚法》规定，追逐、拦截他人的，处 5 日以上 10 日以下拘留或者 1000 元以下罚款；情节较重的，处 10 日以上 15 日以下拘留，可以并处 2000 元以下罚款。小帅的行为属于追逐拦截他人的违法行为，应受到相应行政处罚。需要说明的是，追逐、拦截他人，情节恶劣的，可能构成寻衅滋事罪，将受到刑事处罚。

《治安管理处罚法》第三十条第（二）项

31 强行冲撞停车场围栏，应当承担什么责任？

张某将车停在某停车场，离开时因怀疑停车管理员多收费而与其发生争执，张某一怒之下开车撞向停车场的围栏，导致围栏被撞坏。经鉴定，被撞坏的围栏价值1000余元。张某应当承担什么责任？

让你乱收费！

《治安管理处罚法》规定，强拿硬要或者任意损毁、占用公私财物的，处5日以上10日以下拘留或者1000元以下罚款；情节较重的，处10日以上15日以下拘留，可以并处2000元以下罚款。张某故意撞坏停车场围栏，属于任意损毁财物的行为，应当受到相应行政处罚。需要说明的是，强拿硬要或者任意损毁、占用公私财物，情节严重的，可能构成寻衅滋事罪，将受到刑事处罚。

《治安管理处罚法》第三十条第（三）项

32 反复劝说亲友从事邪教活动，会受到行政处罚吗？

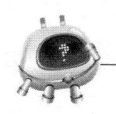

王某参加了某邪教组织，之后多次向亲戚朋友宣扬该邪教能治病驱邪，反复向亲友发宣传单并劝说他们参加邪教组织的讲经、拜师等活动，亲友不堪其扰。王某会因此受到行政处罚吗？

《治安管理处罚法》规定，组织、教唆、胁迫、诱骗、煽动他人从事邪教活动、会道门活动、非法的宗教活动或者利用邪教组织、会道门、迷信活动，扰乱社会秩序、损害他人身体健康的，处10日以上15日以下拘留，可以并处2000元以下罚款；情节较轻的，处5日以上10日以下拘留，可以并处1000元以下罚款。王某的行为属于教唆、煽动他人从事邪教活动，扰乱了社会秩序，应当受到相应行政处罚。需要说明的是，上述行为如果有其他严重情节的，可能构成组织、利用会道门、邪教组织、利用迷信破坏法律实施罪，或者组织、利用会道门、邪教组织、利用迷信致人重伤、死亡罪，将受到刑事处罚。　《治安管理处罚法》第三十一条第（一）项

33 冒充"神医"损害他人健康的行为会受到行政处罚吗？

张某自称祖传气功能包治百病，自诩为"神医"。李某因丈夫于某久病不愈，便请张某发功医治。张某到来后，先焚三炷香，后在于某身上一通运功，最后宣称已经逼出了于某体内病根，并要求于某停服所有药物，保证1个月后痊愈。于某停药导致病情恶化，不到1个月就进了重症监护室。张某会因此受到行政处罚吗？

> "神医"治病不靠谱，受害者病情恶化住进ICU！

《治安管理处罚法》规定，冒用宗教、气功名义进行扰乱社会秩序、损害他人身体健康活动的，处10日以上15日以下拘留，可以并处2000元以下罚款；情节较轻的，处5日以上10日以下拘留，可以并处1000元以下罚款。张某冒用气功名义给人"治病"，损害了他人身体健康，应当受到相应的行政处罚。

《治安管理处罚法》第三十一条第（二）项

34 非法使用、占用无线电频率，从事违法活动，会受到行政处罚吗？

某市无线电中心在一次专项核查行动中发现，某基站上方有一套微波天线，随即展开搜查，于该基站机房内查获一套微波无线电发射设备。经调查，该套设备系张某设置、使用的微波无线电台站，其通过该设备传播邪教信息。张某的行为会受到行政处罚吗？

你的行为涉嫌违法

我没有影响别人

《治安管理处罚法》规定，违反国家规定，非法使用、占用无线电频率，从事违法活动的，处 5 日以上 10 日以下拘留；情节严重的，处 10 日以上 15 日以下拘留。张某设置、使用微波无线电台站，进行通信基站之间的数据传输，从事邪教信息传播的违法活动，属于非法使用无线电频率，从事违法活动，应当受到相应的行政处罚。

《治安管理处罚法》第三十二条第（三）项

35 利用漏洞登录网吧系统逃费上网，会受到行政处罚吗？

一天，王某偶然在网吧的登录系统中发现了漏洞，通过该漏洞可以免费上网。在接下来的几天里，王某利用系统漏洞频繁地逃费上网。网吧发现后报警，王某被当场抓获。王某的行为会受到行政处罚吗？

> 破解了系统就可以免费上网了

《治安管理处罚法》规定，违反国家规定，侵入计算机信息系统或者采用其他技术手段，获取计算机信息系统中存储、处理或者传输的数据，或者对计算机信息系统实施非法控制，造成危害的，处5日以下拘留；情节较重的，处5日以上15日以下拘留。王某的行为属于非法侵入计算机信息系统，应当受到拘留的行政处罚。需要说明的是，上述行为如果情节严重，达到入罪标准的，可能构成非法侵入计算机信息系统罪，非法获取计算机信息系统数据、非法控制计算机信息系统罪，将受到刑事处罚。

《治安管理处罚法》第三十三条第（一）项

36 传播计算机病毒会受到行政处罚吗？

赵某等5人同属某信息技术公司的一个工作团队，赵某与小组其他成员产生矛盾。为泄私愤，赵某将含有病毒的文件伪装成工作报告发送到5人工作微信群中，并提醒小组其他成员查看。小组其他成员在不知情的情况下使用电脑打开了该文件，导致电脑系统瘫痪。赵某会受到行政处罚吗？

《治安管理处罚法》规定，故意制作、传播计算机病毒等破坏性程序，造成危害的，处5日以下拘留；情节较重的，处5日以上15日以下拘留。本案中，赵某传播病毒文件导致电脑系统瘫痪，应当受到拘留的行政处罚。需要说明的是，故意制作、传播计算机病毒等破坏性程序，影响计算机系统正常运行，后果严重的，可能构成破坏计算机信息系统罪，将受到刑事处罚。

《治安管理处罚法》第三十三条第（四）项

37 组织领导传销活动应受到什么处罚？

钱某认为传销是快速发财的好路子，就设立串串发投资公司，开发了 App，招募人员发展下线开展传销活动，但没多久就被公安机关查获。经调查，钱某共发展下线 2 级，涉及人数 11 人，未达到刑事案件立案标准。钱某应受到什么处罚？

> 发展会员越多越赚钱

> 我加入

《治安管理处罚法》规定，组织、领导传销活动的，处 10 日以上 15 日以下拘留；情节较轻的，处 5 日以上 10 日以下拘留。钱某的行为虽未达到刑事立案标准，但应依法受到拘留的行政处罚。需要说明的是，上述行为如果情节严重，达到入罪标准的，构成组织、领导传销活动罪，将受到刑事处罚。

《治安管理处罚法》第三十四条第一款

38 诱骗他人参加传销活动，会受到什么处罚？

罗某是某传销组织的成员，负责在社交平台上以恋爱交友或工作介绍为幌子，骗取他人信任后，诱导他人参与传销活动。后该传销组织被公安机关破获，此时罗某已诱骗 7 人加入传销组织。罗某会受到什么处罚？

《治安管理处罚法》规定，胁迫、诱骗他人参加传销活动的，处 5 日以上 10 日以下拘留；情节较重的，处 10 日以上 15 日以下拘留。罗某的行为属于诱骗他人参加传销活动，应当受到行政拘留的处罚。

《治安管理处罚法》第三十四条第二款

39 国家公祭日穿侵华日军军装恶搞,应受到什么处罚?

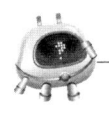

12月13日是南京大屠杀死难者国家公祭日。当天,王某身穿侵华日军军服在南京大屠杀遇难同胞纪念馆前恶搞拍照,经工作人员劝阻仍拒不更换服装,还将拍摄照片上传到社交媒体,造成恶劣影响。王某的行为应受到什么处罚?

《治安管理处罚法》规定,在国家举行庆祝、纪念、缅怀、公祭等重要活动的场所及周边管控区域,故意从事与活动主题和氛围相违背的行为,不听劝阻,造成不良社会影响的,处5日以上10日以下拘留或者1000元以上3000元以下罚款;情节较重的,处10日以上15日以下拘留,可以并处5000元以下罚款。王某在国家公祭日穿侵华日军军服恶搞,严重违背国家公祭日氛围,是拿民族伤痕取乐,应当受到相应的行政处罚。

《治安管理处罚法》第三十五条第(一)项

40 恶搞英烈形象应承担什么责任？

张某为增加自己在短视频平台上的流量热度，制作并发布了两条侮辱、贬损革命烈士刘××的短视频，该视频浏览次数达 2000 余次，转发次数达 100 余次。经网友举报，公安机关将张某抓获归案，张某对上述事实供认不讳。张某需要承担什么法律责任？

> 我制作的"刘××穿短裙"火了

> 不准损害烈士名誉

《治安管理处罚法》规定，以侮辱、诽谤或者其他方式侵害英雄烈士的姓名、肖像、名誉、荣誉，损害社会公共利益的，处 5 日以上 10 日以下拘留或者 1000 元以上 3000 元以下罚款；情节较重的，处 10 日以上 15 日以下拘留，可以并处 5000 元以下罚款。张某的行为损坏了英雄烈士的名誉，应受到相应的行政处罚。需要说明的是，上述行为如果情节严重的，可能构成侵害英雄烈士名誉、荣誉罪，将受到刑事处罚。

《治安管理处罚法》第三十五条第（三）项

41 亵渎烈士事迹会受到处罚吗？

某市消防支队名山中队政治指导员杨某在火灾中因救援 2 岁女童从 5 楼失足跌落，壮烈牺牲，被评为全国道德模范，但王某在杨某烈士的事迹下评论"上辈子修来的福气，一朝失足还成烈士"，网友愤而向公安机关举报。王某会受到行政处罚吗？

《治安管理处罚法》规定，亵渎、否定英雄烈士事迹和精神，或者制作、传播、散布宣扬、美化侵略战争、侵略行为的言论或者图片、音视频等物品，扰乱公共秩序的，处 5 日以上 10 日以下拘留或者 1000 元以上 3000 元以下罚款；情节较重的，处 10 日以上 15 日以下拘留，可以并处 5000 元以下罚款。英雄烈士事迹不容亵渎和否定，王某应为其不当行为受到相应的行政处罚。

《治安管理处罚法》第三十五条第（四）项

42 身穿印有宣传、美化侵略战争、侵略行为内容的衣服逛街是穿衣自由吗?

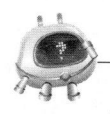

王某为凸显个性,身穿印有宣传、美化侵略战争、侵略行为内容的衣服逛街,引得大量群众围观。有热心市民提醒其穿着不当,王某却表示其有穿衣自由,别人管不着,不听他人劝阻。王某的行为违法吗?

这件衣服不能穿

我有穿衣自由

《治安管理处罚法》规定,在公共场所或者强制他人在公共场所穿着、佩戴宣扬、美化侵略战争、侵略行为的服饰、标志,不听劝阻,造成不良社会影响的,处 5 日以上 10 日以下拘留或者 1000 元以上 3000 元以下罚款;情节较重的,处 10 日以上 15 日以下拘留,可以并处 5000 元以下罚款。王某穿着印有宣传、美化侵略战争、侵略行为内容的衣服,造成了不良社会影响,不听劝阻,是违法行为,应当受到相应的行政处罚。

《治安管理处罚法》第三十五条第(五)项

43 囤积液化气钢瓶的行为违法吗？

刘某为图使用方便购买了 25 个液化气钢瓶，装满液化气后存放在家中。村民举报后，公安机关对王某家中进行了现场检查，发现该场地并不具备大量储存液化气钢瓶的条件，刘某也未取得燃气经营许可证。刘某图方便而大量囤积液化气钢瓶的行为违法吗？

《治安管理处罚法》规定，违反国家规定，制造、买卖、储存、运输、邮寄、携带、使用、提供、处置爆炸性、毒害性、放射性、腐蚀性物质或者传染病病原体等危险物质的，处 10 日以上 15 日以下拘留；情节较轻的，处 5 日以上 10 日以下拘留。刘某囤积液化气钢瓶的行为，属于违反规定储存爆炸性危险物质的行为，具有较大的安全隐患，应当受到拘留的行政处罚。

《治安管理处罚法》第三十六条

44 丢失危险物质不报告应承担什么法律责任？

赵某是某大学化学教师。因进行实验的需要，赵某申请了一些强腐蚀性的硝酸存放在实验室。在一次材料检查中，刘某发现硝酸的数量明显减少，疑似被人盗取。赵某是实验材料的安全责任人，因害怕承担责任，没有按规定向有关部门报告。后硝酸丢失的问题在其他检查中被发现。赵某应承担什么法律责任？

毒害物质丢失，为什么不报告？

《治安管理处罚法》规定，爆炸性、毒害性、放射性、腐蚀性物质或者传染病病原体等危险物质被盗、被抢或者丢失，未按规定报告的，处 5 日以下拘留；故意隐瞒不报的，处 5 日以上 10 日以下拘留。赵某的行为属于腐蚀性物质被盗、被抢或丢失后故意隐瞒不报的行为，应当受到拘留的行政处罚。

《治安管理处罚法》第三十七条

45 携带管制器具但未实际使用是否会被处罚？

老五在海鲜市场经营海鲜。一次在进货返回途中，一群"小混混"半道拦住老五，把他的海鲜抢走了很多，慑于自己势单力薄，老五敢怒而不敢言。于是老五买了一把开刃的管制弹簧刀，进货时随身携带。在经过市场安检时，老五的弹簧刀被安检人员查获。老五辩解说，自己携带弹簧刀只是为了防身，并没有打算伤害别人。老五的辩解成立吗？

《治安管理处罚法》规定，非法携带枪支、弹药或者弩、匕首等国家规定的管制器具的，处5日以下拘留，可以并处1000元以下罚款；情节较轻的，处警告或者500元以下罚款。老五随身携带属于国家规定的管制器具的弹簧刀，应当受到相应的行政处罚。

《治安管理处罚法》第三十八条第一款

46 移动边境界碑后又移回原处,还会被处罚吗?

小李和老王都是边境某村村民,边境线就在他们村边。一天,二人开玩笑说,把界碑往外移动 30 厘米,就等于把国土给扩大了,那算"真英雄"。说干就干,老王竟真的把界碑刨了出来,往外移了 30 厘米。不久,他觉得玩笑开大了,又把界碑移回了原处。界碑已经移回原处,老王的行为还会被处罚吗?

《治安管理处罚法》规定,移动、损毁国家边境的界碑、界桩以及其他边境标志、边境设施或者领土、领海基点标志设施的,处 10 日以上 15 日以下拘留;情节较轻的,处 5 日以下拘留。尽管老王又把界碑移回原处,也无法改变他移动了界碑的事实,依法应当受到处罚。需要说明的是,故意破坏国家边境的界碑、界桩或者永久性测量标志的,构成破坏界碑、界桩罪,破坏永久性测量标志罪,将受到刑事处罚。

《治安管理处罚法》第三十九条第(二)项

47 强行进入飞机驾驶舱会受到什么处罚？

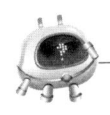

小赵是一名航模爱好者，虽然见过很多航模，但真正的飞机没坐过几次，他非常想看看真正的飞机驾驶舱是什么样的。一天，小赵在乘坐飞机时，不顾机组人员劝阻闯进了驾驶舱。进去看了一眼后，小赵就自动回到了座位，在驾驶舱内待了总共没超过3分钟。尽管如此，飞机落地后，公安机关还是对他处以10日行政拘留。小赵觉得不理解，只是进去了不到3分钟，需要给予这么重的处罚吗？

> 别拦我，我要进去看看

《治安管理处罚法》规定，盗窃、损坏、擅自移动使用中的航空设施，或者强行进入航空器驾驶舱的，处10日以上15日以下拘留。小陈强行进入飞机驾驶舱，应当受到相应处罚，对他的处罚符合法律规定。

《治安管理处罚法》第四十条第一款

48　在飞机上使用手机打电话会受到处罚吗？

王老板搭乘某航班前往深圳洽谈生意，在飞机准备降落时，机上广播要求乘客不得擅自使用手机以免影响飞机导航安全，但王老板着急联系一个重要客户，就偷偷打开手机打起了电话。空乘人员见状立即阻止，但王老板没有理睬，继续把电话打完。王老板会受到处罚吗？

《治安管理处罚法》规定，在使用中的航空器上使用可能影响导航系统正常功能的器具、工具，不听劝阻的，处5日以下拘留或者1000元以下罚款。王老板不听劝阻使用手机，可能影响飞机导航安全，应当受到拘留或者罚款的处罚。

《治安管理处罚法》第四十条第二款

49 盗窃铁路安全标识会受到什么处罚？

张老太爱占小便宜。一天，她路过铁道路口时，看到路边的交通安全警示牌钉子松动了，摇摇欲坠，就顺手把它扭了下来带走，卖到了废品回收站。张老太应受到什么处罚？

> 盗窃交通安全警示牌违法

《治安管理处罚法》规定，盗窃、损毁、擅自移动铁路、城市轨道交通设施、设备、机车车辆配件或者安全标志的，处5日以上10日以下拘留，可以并处1000元以下罚款；情节较轻的，处5日以下拘留或者1000元以下罚款。张老太的行为属于盗窃交通安全标志，应当受到拘留、罚款的处罚。

《治安管理处罚法》第四十一条第（一）项

50 未设置禁止进入标识的铁路防护网可以随意进入吗？

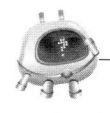

胡某是一名奇石爱好者。一天他在铁路边遛弯时,看到铁路轨道间有一块石头异常奇特,就想捡回家去。他仔细观察,发现这里并没有设置禁止进入的标识,于是翻越防护网,进入铁路轨道将奇石捡走。胡某的行为是否会被处罚？

《治安管理处罚法》规定,擅自进入铁路、城市轨道交通防护网或者火车、城市轨道交通列车来临时在铁路、城市轨道交通线路上行走坐卧,抢越铁路、城市轨道,影响行车安全的,处警告或者500元以下罚款。胡某擅自进入铁路防护网的行为应当受到处罚。

《治安管理处罚法》第四十二条

51 "与时间赛跑、与列车抢道"是否可取？

金小二上班经过铁路道口时，正赶上火车即将经过，道口关闭。眼看上班就要迟到，金小二迅速翻过铁路道口闸门，抢在火车到达前冲过了铁路，在最后1分钟赶到了单位。金小二的行为可取吗？

刚好没迟到

再迟到就别来上班了

《治安管理处罚法》规定，擅自进入铁路、城市轨道交通防护网或者火车、城市轨道交通列车来临时在铁路、城市轨道交通线路上行走坐卧，抢越铁路、城市轨道，影响行车安全的，处警告或者500元以下罚款。金小二"与列车抢道"的行为不可取，应当受到处罚。

《治安管理处罚法》第四十二条

52 为防野猪，村民可以自设电网吗？

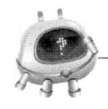

刘老汉家里种了 2 亩花生，晚上总遭到山里下来的野猪偷吃和破坏，于是刘老汉围着花生地偷偷设置了一圈电网，白天断电，晚上通电，野猪终于很少来"光顾"了。刘老汉的做法合法吗？

全被野猪糟蹋了

《治安管理处罚法》规定，未经批准，安装、使用电网的，或者安装、使用电网不符合安全规定的，处 5 日以下拘留或者 1000 元以下罚款；情节严重的，处 10 日以上 15 日以下拘留，可以并处 1000 元以下罚款。刘老汉私设电网虽然是为了防野猪，但也属于违法行为，应当受到处罚。

《治安管理处罚法》第四十三条第（一）项

53 白天在道路挖坑施工可以不设置警示标志吗?

某施工队承接了某段城市道路的维修工作,需要挖坑作业。队长周某觉得白天视线良好,行人和车辆应该都看得见施工点,就没有放置施工警示标志。周某的做法对吗?

《治安管理处罚法》规定,在车辆、行人通行的地方施工,对沟井坎穴不设覆盖物、防围和警示标志的,或者故意损毁、移动覆盖物、防围和警示标志的,处5日以下拘留或者1000元以下罚款;情节严重的,处10日以上15日以下拘留,可以并处1000元以下罚款。因此,只要是在有车辆、行人通行的道路挖坑施工,就需要设置相应警示标志,周某的做法是错误的,应当受到相应的处罚。

《治安管理处罚法》第四十三条第(二)项

54 盗窃井盖会受到什么处罚？

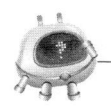

肖某犯盗窃罪刚刑满释放 2 个月，因没找到工作，就盗窃马路上的井盖卖钱，后被抓获。经鉴定，肖某盗窃的井盖价值 800 元。肖某会受到什么处罚？

《治安管理处罚法》规定，盗窃、损毁路面井盖、照明等公共设施的，处 5 日以下拘留或者 1000 元以下罚款；情节严重的，处 10 日以上 15 日以下拘留，可以并处 1000 元以下罚款。肖某刑满释放 2 个月即再次盗窃，属于"情节严重"，应给予其 10 日以上 15 日以下拘留，并可以处 3000 元以下罚款。

《治安管理处罚法》第四十三条第（三）项

55 中秋佳节放孔明灯庆祝违法吗?

中秋佳节,皓月当空,小马兴高采烈地带着孩子到城市中心广场放孔明灯。刚点燃准备放飞,就被巡逻的公安人员制止了,公安人员告诉她中心广场是禁止燃放区域,如继续放飞,就要对她进行处罚。中秋佳节放孔明灯庆祝都违法吗?

孩子,别哭了,这儿是禁燃区,我们去别的地方放吧

我就要放孔明灯

《治安管理处罚法》规定,违反有关法律法规规定,升放携带明火的升空物体,有发生火灾事故危险,不听劝阻的,处5日以下拘留或者1000元以下罚款;情节严重的,处10日以上15日以下拘留,可以并处1000元以下罚款。小马准备在禁燃区燃放携带明火的孔明灯(升空物体),可能会引发火灾事故,如不听劝阻继续放飞即违法,会受到处罚。

《治安管理处罚法》第四十三条第(四)项

56 举办美食节是否需要公安机关许可?

近日,郑某准备在市中心公园举办美食节,计划展位多达 500 余个,工作人员超过 200 人,预计人流量超过万人。活动举办前,郑某没有制订消防和应急疏散预案,也没有向公安机关申请安全许可。郑某未经许可举办美食节违法吗?

《治安管理处罚法》规定,举办体育、文化等大型群众性活动,违反有关规定,有发生安全事故危险,经公安机关责令改正而拒不改正或者无法改正的,责令停止活动,立即疏散;对其直接负责的主管人员和其他直接责任人员处 5 日以上 10 日以下拘留,并处 1000 元以上 3000 元以下罚款;情节较重的,处 10 日以上 15 日以下拘留,并处 3000 元以上 5000 元以下罚款,可以同时责令 6 个月至 1 年以内不得举办大型群众性活动。郑某未经公安机关许可,也没有制订安全预案,有发生安全事故的危险,依法应由公安机关责令改正;如拒不改正或无法改正,应责令停止活动,立即疏散,郑某也会受到罚款和拘留的行政处罚。 《治安管理处罚法》第四十四条

57 违反安全规定在自建房内开设"休闲娱乐城"，会受到什么处罚？

小李在自建房内开办了融住宿、餐饮、电影院于一体的"休闲娱乐城"，没有任何防火设施。公安机关发现后，责令小李改正，但小李拒不改正。小李将受到什么处罚？

《治安管理处罚法》规定，旅馆、饭店、影剧院、娱乐场、体育场馆、展览馆或者其他供社会公众活动的场所违反安全规定，致使该场所有发生安全事故危险，经公安机关责令改正而拒不改正的，对其直接负责的主管人员和其他直接责任人员处5日以下拘留；情节较重的，处5日以上10日以下拘留。小李在自建房内开设的"休闲娱乐城"，属于供社会公众活动的场所，该场所违反安全规定，有引发火灾风险，小李经公安机关责令改正而拒不改正，应当被处以拘留的行政处罚。

《治安管理处罚法》第四十五条

58 在机场附近"黑飞"会受到什么处罚？

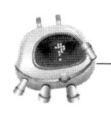

张某是农业种植大户，为了提高杀虫效率，决定使用无人机喷洒农药。但是，他的农田在机场附近，因张某放飞无人机，使机场飞机起飞受到干扰，导致多架次飞机延误。张某会面临什么行政处罚？

无人机喷洒农药可好用了

《治安管理处罚法》规定，违反有关法律法规关于飞行空域管理规定，飞行民用无人驾驶航空器、航空运动器材，或者升放无人驾驶自由气球、系留气球等升空物体，情节较重的，处5日以上10日以下拘留。按照具体情节，张某应当被处以拘留的行政处罚。

《治安管理处罚法》第四十六条第一款

59 未经允许进入他人住所，会受到什么处罚？

唐某和李某是一对情侣。一天，他们经过王某的院子时，看到院内放着一个巨大的变形金刚模型。两人想走近好好看看，可是院门紧锁，无法进入。于是，唐某翻墙跳进院子，打开大门让李某进入。正在房内睡觉的业主王某听到声音后报警。唐某和李某会受到什么处罚？

《治安管理处罚法》规定，非法侵入他人住宅的，处10日以上15日以下拘留，并处1000元以上2000元以下罚款；情节较轻的，处5日以上10日以下拘留，并处1000元以下罚款。唐某和李某的行为属于非法进入他人住宅，应当被处以拘留并罚款的行政处罚。需要说明的是，非法侵入他人住宅，达到入罪标准的，构成非法侵入住宅罪，将受到刑事处罚。

《治安管理处罚法》第四十七条第（三）项

60 因民事纠纷非法限制他人人身自由的，会受到什么处罚？

某建筑公司施工占用了王某、潘某夫妇的承包地，因为对占地使用费没有协商一致，且建筑公司经理刘某对二人置之不理，王某与潘某强行将刘某带到家中协商，声称不商量好赔偿问题不让刘某离开。后建筑公司报警，警察到达后刘某才得以离开。刘某被扣留在王某、潘某家中达2小时。王某、潘某会被处罚吗？

不说好怎么赔偿不能走

《治安管理处罚法》规定，非法限制他人人身自由的，处10日以上15日以下拘留，并处1000元以上2000元以下罚款；情节较轻的，处5日以上10日以下拘留，并处1000元以下罚款。王某、潘某因为民事纠纷扣留刘某，属于非法限制他人人身自由，应当被处以拘留并罚款的行政处罚。需要说明的是，非法拘禁他人或者以其他方法非法剥夺他人人身自由的，可能构成非法拘禁罪，将受到刑事处罚。

《治安管理处罚法》第四十七条第（三）项

61 拦车乞讨会受到什么行政处罚？

老王以乞讨为生，因长时间在同一个地方乞讨，讨到的钱越来越少。老王为了提高收入，便打起过往车辆的主意。当看到有车开过时，老王便站在公路中央将车辆拦下，不给钱就不让过。老王会受到处罚吗？

为了讨钱命都不要了？

《治安管理处罚法》规定，反复纠缠、强行讨要或者以其他滋扰他人的方式乞讨的，处 5 日以下拘留或者警告。老王拦车乞讨的行为属于以强行讨要的方式乞讨，应当受到拘留或者警告的行政处罚。

《治安管理处罚法》第四十九条第二款

62 在微信群公然辱骂、威胁他人会受到什么处罚？

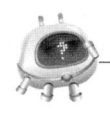

李某因琐事与张某产生矛盾，为发泄不满，在微信群内用"王八蛋"等脏话辱骂张某，并用手机拍摄手持棍棒的视频发布到微信群，声称要好好教训张某。张某报警后李某被抓获。李某会受到什么处罚？

《治安管理处罚法》规定，写恐吓信或者以其他方法威胁他人人身安全的，或者公然侮辱他人或者捏造事实诽谤他人的，处 5 日以下拘留或者 1000 元以下罚款；情节较重的，处 5 日以上 10 日以下拘留，可以并处 1000 元以下罚款。张某的行为属于公然侮辱他人以及威胁他人人身安全，应当受到相应的行政处罚。需要说明的是，以暴力或者其他方法公然侮辱他人或者捏造事实诽谤他人，情节严重的，构成侮辱罪、诽谤罪，可能会受到刑事处罚。

《治安管理处罚法》第五十条第一款第（一）项、第（二）项

63 捏造事实诬告陷害他人会受到什么行政处罚？

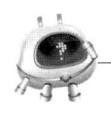

居民张某某因对从事法医鉴定工作的民警牛某某在其故意伤害案中出具的法医鉴定意见不满，向纪检部门举报牛某某受贿3000元，故意出具虚假鉴定意见。纪检部门立案后查实，民警牛某某没有受贿以及故意出具虚假鉴定意见的问题，张某某承认系诬告。张某某会受到什么样的行政处罚？

《治安管理处罚法》规定，捏造事实诬告陷害他人，企图使他人受到刑事追究或者受到治安管理处罚的，处5日以下拘留或者1000元以下罚款；情节较重的，处5日以上10日以下拘留，可以并处1000元以下罚款。张某某捏造事实进行举报，属于诬告陷害行为，将受到罚款或拘留的处罚。需要说明的是，捏造事实诬告陷害他人，意图使他人受刑事追究，情节严重的，构成诬告陷害罪，将受到刑事处罚。

《治安管理处罚法》第五十条第一款第（三）项

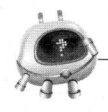

64 对他人进行电话骚扰、发送淫秽信息，会受到什么行政处罚？

大学生陈某在一次社团活动中对郑某一见钟情，但郑某已婚，故果断拒绝了陈某。但陈某还不死心，多次深夜给郑某打电话"表白"，还向郑某的手机发送大量淫秽短信。郑某不堪其扰，主动找到陈某家属沟通，希望他们劝说陈某迷途知返，但陈某依然我行我素。无奈之下，郑某只好报警。陈某会受到什么处罚？

《治安管理处罚法》规定，多次发送淫秽、侮辱、恐吓等信息或者采取滋扰、纠缠、跟踪等方法，干扰他人正常生活的，处5日以下拘留或者1000元以下罚款；情节较重的，处5日以上10日以下拘留，可以并处1000元以下罚款。陈某的行为严重干扰了郑某的正常生活，应当受到相应的行政处罚。

《治安管理处罚法》第五十条第一款第（五）项

65 通过网络散播明星个人隐私会受到什么处罚？

关某是某地民政局工作人员。当红明星李某在该单位办理离婚登记，关某具体经办。出于逞能与炫耀的心理，关某将李某离婚的消息在 QQ 群、微信群等媒体发布，导致媒体大量炒作，李某生活受到严重影响。关某会受到什么行政处罚？

> 谁泄露了我的隐私？

> 重大新闻！大明星李某离婚了！

《治安管理处罚法》规定，偷窥、偷拍、窃听、散布他人隐私的，处 5 日以下拘留或者 1000 元以下罚款；情节较重的，处 5 日以上 10 日以下拘留，可以并处 1000 元以下罚款。关某的行为属于散布他人隐私的行为，应当受到相应的行政处罚。

《治安管理处罚法》第五十条第一款第（六）项

66 故意殴打他人导致轻微伤，会受到什么处罚？

老李在超市结账时与收银员小张发生争吵，后老李打了小张两个耳光，导致小张右眼受伤，小张遂报警。经鉴定，小张伤情为轻微伤。老李会受到什么处罚？

《治安管理处罚法》规定，殴打他人的，或者故意伤害他人身体的，处 5 日以上 10 日以下拘留，并处 500 元以上 1000 元以下罚款；情节较轻的，处 5 日以下拘留或者 1000 元以下罚款。老李的行为属于故意殴打他人，应当受到罚款或者拘留的行政处罚。需要说明的是，故意伤害他人身体，达到入罪标准的，构成故意伤害罪，将受到刑事处罚。

《治安管理处罚法》第五十一条第一款

67 殴打"老幼孕残",应当如何处罚?

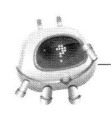

5岁的小蔡在路边与小伙伴玩耍时,不小心把泥土弄到路过的马某身上,马某随即伸手掴了小蔡两个耳光,小蔡的母亲报警。调查过程中,马某对其殴打小蔡的违法行为供认不讳。马某会受到什么处罚?

《治安管理处罚法》规定,有下列情形之一的,处10日以上15日以下拘留,并处1000元以上2000元以下罚款:(1)结伙殴打、伤害他人的;(2)殴打、伤害残疾人、孕妇、不满14周岁的人或者70周岁以上的人的;(3)多次殴打、伤害他人或者一次殴打、伤害多人的。马某故意殴打的是仅有5岁的未成年人,应当被处以10日至15日的拘留,并处1000元以上2000元以下罚款。

《治安管理处罚法》第五十一条第二款

68 "咸猪手"会受到处罚吗？

贾某系 A 公司的员工。某日，部门领导李某在办公室内对贾某以搂肩膀、摸臀部的方式进行猥亵、骚扰，贾某忍无可忍，遂向公安机关报警。经公安机关询问，李某承认存在猥亵贾某的违法行为。李某会受到治安管理处罚吗？

《治安管理处罚法》规定，猥亵他人的，处 5 日以上 10 日以下拘留。李某的行为属于猥亵他人，应受到 5 日以上 10 日以下拘留的处罚。需要说明的是，如果是以暴力、胁迫或者其他方法强制猥亵他人或者侮辱妇女的，可能构成强制猥亵、侮辱罪，将受到刑事处罚。

《治安管理处罚法》第五十二条第一款

69　子女虐待老人，需要承担什么法律责任？

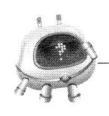

78岁的老王因病长期卧床，儿子小王在照顾他的过程中经常与其产生摩擦。一日，老王在与小王发生冲突后报警称被小王打了。公安人员将小王传唤至派出所，小王称自己照顾父亲太辛苦，控制不住情绪，才会打骂父亲。小王会被行政处罚吗？

老家伙，又故意尿湿裤子

《治安管理处罚法》规定，对未成年人、老年人、患病的人、残疾人等负有监护、看护职责的人虐待被监护、看护的人的，处5日以下拘留或者警告；情节较重的，处5日以上10日以下拘留，可以并处1000元以下罚款。小王的行为属于虐待被监护、看护人的违法行为，应当受到相应的行政处罚。需要说明的是，虐待家庭成员，情节恶劣的，构成虐待罪，将受到刑事处罚。

《治安管理处罚法》第五十三条第（二）项

70 强迫他人出卖商品，会受处罚吗？

某日，小明在小黄的瓷器店里看中一件标价 2000 元的花瓶，但觉得价格过高，便以摔碎花瓶为由威胁小黄以 1000 元的价格出卖。小黄害怕花瓶被毁，只好同意。小明会受到处罚吗？

《治安管理处罚法》规定，强买强卖商品，强迫他人提供服务或者强迫他人接受服务的，处 5 日以上 10 日以下拘留，并处 3000 元以上 5000 元以下罚款；情节较轻的，处 5 日以下拘留或者 1000 元以下罚款。小明的行为已构成强买商品的违法行为，应当受到相应的行政处罚。需要说明的是，《刑法》还规定了强迫交易罪，符合入罪条件的，将受到刑事处罚。

《治安管理处罚法》第五十四条

71 在网络上公开发表侮辱少数民族的言论，需要承担什么责任？

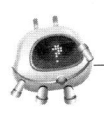

崔某为宣泄个人情绪，博取网民的关注，在其个人微博上发表了两条侮辱某少数民族的言论，该言论被大量网友关注和评论，造成了不良的社会影响，后崔某被公安机关抓获。崔某会受到什么处罚？

《治安管理处罚法》规定，煽动民族仇恨、民族歧视，或者在出版物、信息网络中刊载民族歧视、侮辱内容的，处10日以上15日以下拘留，可以并处3000元以下罚款；情节较轻的，处5日以下拘留或者3000元以下罚款。崔某的行为属于在计算机信息网络中刊载民族歧视、侮辱内容的违法行为，应当受到相应的行政处罚。需要说明的是，有上述破坏民族团结的行为，情节严重的，可能构成煽动民族仇恨、民族歧视罪，出版歧视、侮辱少数民族作品罪，将受到刑事处罚。

《治安管理处罚法》第五十五条

72 私自出售他人信息，会被行政处罚吗？

罗某在地铁站附近通过"扫码"送卫生纸等物品的方式，获取公民的手机号码，再将获取的手机号码卖给下家获利。后罗某被公安机关抓获，因罗某如实供述犯罪事实并积极退缴违法所得，自愿认罪认罚，检察院决定对罗某不起诉。罗某会受到行政处罚吗？

《治安管理处罚法》规定，违反国家有关规定，向他人出售或者提供个人信息的，处10日以上15日以下拘留；情节较轻的，处5日以下拘留。本案中，罗某通过引诱他人"扫码"的方式获取手机号并出售，已构成非法出售个人信息的行为，虽检察院决定不起诉，但依法仍应受到拘留的行政处罚。需要说明的是，向他人出售或者提供公民个人信息，情节严重的，构成侵犯公民个人信息罪，将受到刑事处罚。

《治安管理处罚法》第五十六条第一款

73 非法获取他人个人信息，会受到什么行政处罚？

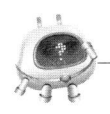

某公司通过非法途径购买了大量的已实名认证的个人自媒体账号，以开展内容策划、宣传推广活动等方式，博取网络流量并获得经济收益。经公安机关调查，上述实名认证的自媒体账号直接关联了自然人身份信息。该公司会受到什么行政处罚呢？

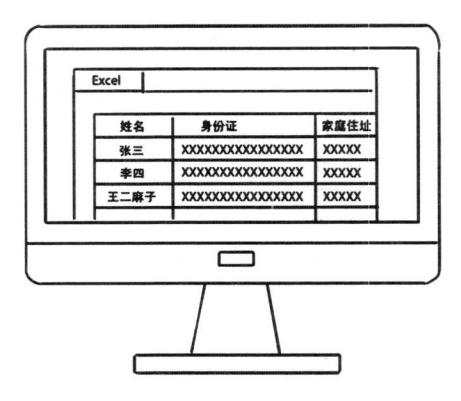

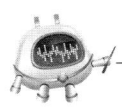

《治安管理处罚法》规定，窃取或者以其他方法非法获取个人信息的，依照本法第56条第1款的规定（违反国家有关规定，向他人出售或者提供个人信息的，处10日以上15日以下拘留；情节较轻的，处5日以下拘留）处罚。某公司购买他人已实名认证的自媒体账号并用于运营，属于非法获取个人信息的行为。根据情节严重程度，某公司应受到拘留或者罚款的行政处罚。需要说明的是，如果上述行为情节严重，构成侵犯公民个人信息罪，将受到刑事处罚。

《治安管理处罚法》第五十六条第二款

74　私拆、藏匿他人信件会受处罚吗？

宗某和张某是同事，二人因琐事发生过矛盾，宗某对此一直怀恨在心。张某平时爱好写作，经常会收到来自出版社或者笔友的信件。宗某为报复张某，偶尔私自开拆或者隐匿张某的信件，张某发现此事并报警。宗某会受处罚吗？

谁让你拆我的信件的

《治安管理处罚法》规定，冒领、隐匿、毁弃、倒卖、私自开拆或者非法检查他人邮件、快件的，处警告或者 1000 元以下罚款；情节较重的，处 5 日以上 10 日以下拘留。宗某私自开拆或者隐匿张某信件的行为，侵犯了张某的通信秘密和通信自由，属于违法行为，依照违法情节轻重应受到警告、罚款或拘留的行政处罚。需要说明的是，隐匿、毁弃或者非法开拆他人信件，侵犯公民通信自由权利，情节严重的，构成侵犯通信自由罪，将受到刑事处罚。

《治安管理处罚法》第五十七条

75 假称有运输业务骗取押金，会受到什么处罚？

赵某以开货车拉零活为生。一天曾某联系赵某，表示有一批货物需要从 A 市运输到 B 市，因时间紧急，他可以付给赵某 2 倍运费，但是要求赵某先支付 1500 元的货物押金，货物准时送达目的地后再将押金退还赵某。赵某支付后，曾某将其微信拉黑。赵某意识到自己被骗，遂报警。曾某会受到什么处罚？

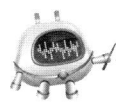

《治安管理处罚法》规定，盗窃、诈骗、哄抢、抢夺或者敲诈勒索的，处 5 日以上 10 日以下拘留或者 2000 元以下罚款；情节较重的，处 10 日以上 15 日以下拘留，可以并处 3000 元以下罚款。曾某虚构送货业务诈骗赵某 1500 元，已构成诈骗他人财物的违法行为，应受到拘留或者罚款的行政处罚。需要说明的是，上述行为符合犯罪构成要件的，可能构成相应的犯罪，将受到刑事处罚。

《治安管理处罚法》第五十八条

76 醉酒后打砸饭馆桌椅，公安机关会如何处理？

徐某与裴某在饭馆吃饭，结账时因为怀疑餐馆多收餐费，与老板发生争吵，二人借着酒劲砸坏了饭馆内的很多餐具和桌椅，饭馆老板报警。经鉴定，被损毁的桌椅价值1200元。对于徐某和裴某的行为，公安机关会如何处理？

《治安管理处罚法》规定，故意损毁公私财物的，处5日以下拘留或者1000元以下罚款；情节较重的，处5日以上10日以下拘留，可以并处3000元以下罚款。徐某和裴某故意打砸饭馆内的桌椅，属于故意损毁私人财物的违法行为，公安机关会对其处以5日以下拘留或者1000元以下罚款；若公安机关认定徐某和裴某违法行为情节较重，则会对其处以5日至10日的拘留，同时可以并处3000元以下罚款。需要说明的是，故意毁坏公私财物，数额较大或者有其他严重情节的，构成故意毁坏财物罪，将受到刑事处罚。

《治安管理处罚法》第五十九条

77 教师发现校园欺凌却不及时制止,应承担什么责任?

××双语学校学生赵某某、张某某多次对同班女生李某某实施起外号、公然羞辱、打耳光等欺凌行为。李某某向班主任赵老师报告后,赵老师认为只是同学之间闹着玩,既没有向学校报告,也没有制止。后李某某的家长报警。赵老师对赵某某、张某某的欺凌行为没有及时阻止,应承担什么责任?

《治安管理处罚法》规定,学校违反有关法律法规规定,明知发生严重的学生欺凌或者明知发生其他侵害未成年学生的犯罪,不按规定报告或者处置的,责令改正,对其直接负责的主管人员和其他直接责任人员,建议有关部门依法予以处分。赵老师对于制止本班学生的校园欺凌行为负有直接责任,她没有及时报告并予以制止,公安机关依法应建议有关部门予以处分。

《治安管理处罚法》第六十条第二款

78 冒用国家机关工作人员身份招摇撞骗的,会受到什么行政处罚?

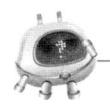

李某驾驶无证三轮电动车上路被扣押。朋友钱某听说后,给他介绍了"交通支队副队长"王某。王某自称人脉众多,只要李某支付1000元"活动费",一定帮他把车"捞"出来。李某给了王某1000元,但迟迟没有拿到车。王某一拖再拖,最后干脆不接电话,李某意识到受骗后报警。经核实,王某根本不是交通支队副队长。王某的这种行为会受到什么处罚?

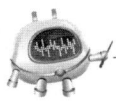

> 我是交通支队副队长,一定能把车"捞"出来

《治安管理处罚法》规定,冒充国家机关工作人员招摇撞骗的,处10日以上15日以下拘留,可以并处1000元以下罚款;情节较轻的,处5日以上10日以下拘留。王某冒充交通支队副队长的身份骗取李某的钱财,属于冒充国家机关工作人员身份招摇撞骗的行为,应当受到相应的行政处罚。需要说明的是,《刑法》还规定了招摇撞骗罪和冒充军人招摇撞骗罪,符合入罪条件的,将受到刑事处罚。

《治安管理处罚法》第六十二条第一款

79 副总经理为用章方便伪造自己公司的印章违法吗？

小王系某公司副总经理，经常签订合同，需要使用公司印章。因公司业务遍布全国各地，每次签合同都要回公司盖章很不方便，为了省事，小王私刻了一枚公司合同专用章，后被总经理及时发现并制止。小王的行为违法吗？

《治安管理处罚法》规定，伪造、变造或者买卖国家机关、人民团体、企业、事业单位或者其他组织的公文、证件、证明文件、印章的，处10日以上15日以下拘留，可以并处5000元以下罚款；情节较轻的，处5日以上10日以下拘留，可以并处3000元以下罚款。小王的行为属于伪造企业印章，违反治安管理，应当受到相应的行政处罚。需要说明的是，《刑法》规定了伪造、变造、买卖国家机关公文、证件、印章罪，伪造公司、企业、事业单位、人民团体印章罪，伪造、变造、买卖武装部队公文、证件、印章罪，符合入罪条件的，将受到刑事处罚。

《治安管理处罚法》第六十三条第（一）项

80 倒卖演唱会门票属于违法行为吗？

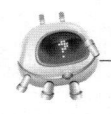

小王听说某明星的演唱会门票一票难求，就通过多个账号在网络购票系统购买了 5 张，每张加价 200 元在剧场门口出售，共赚取差价 1000 元。小王的这种行为违法吗？

《治安管理处罚法》规定，伪造、变造或者倒卖车票、船票、航空客票、文艺演出票、体育比赛入场券或者其他有价票证、凭证的，处 10 日以上 15 日以下拘留，可以并处 5000 元以下罚款；情节较轻的，处 5 日以上 10 日以下拘留，可以并处 3000 元以下罚款。小王囤积演唱会门票并倒卖，属于违法行为，应当受到相应的行政处罚。需要说明的是，《刑法》规定了伪造、倒卖伪造的有价票证罪，倒卖车票、船票罪，符合入罪条件的，将受到刑事处罚。

《治安管理处罚法》第六十三条第（四）项

81 未经许可经营旅店违法吗？

老黄经营的"必赢棋牌室"收入惨淡。看到开旅馆赚钱，他就直接把棋牌室改成"常回家旅馆"，生意一下子火爆了。公安机关在例行检查中发现，老黄的"常回家旅馆"没有办理特种行业经营许可证，于是对老黄进行了立案查处。老黄的行为会受到什么处罚？

《治安管理处罚法》规定，未经许可，擅自经营按照国家规定需要由公安机关许可的行业的，处10日以上15日以下拘留，可以并处5000元以下罚款；情节较轻的，处5日以上10日以下拘留或者1000元以上3000元以下罚款。开办旅馆需要向公安机关申请特种行业经营许可证，老黄的行为属于未经许可擅自经营需要公安机关许可的行业，应当受到拘留或者罚款的行政处罚。

《治安管理处罚法》第六十五条第一款第（三）项

82 可以将房屋出租给拒绝登记身份信息的人吗？

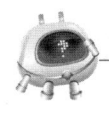

现在房价下行，房屋出租也越来越困难。老王的一套两居室已经在中介挂了半年了，仍然没有租出去。一天，小李主动找到老王，要租他的房子，但是签合同时，小李说身份证丢了，不愿提供身份证号。老王急于把房子租出去，心想只要给租金就行，就痛快地把房屋租给了小李。老王的行为违法吗？

《治安管理处罚法》规定，房屋出租人将房屋出租给身份不明、拒绝登记身份信息的人的，或者不按规定登记承租人姓名、有效身份证件种类和号码等信息的，处 500 元以上 1000 元以下罚款；情节较轻的，处警告或者 500 元以下罚款。小李拒绝透露身份信息，老王却依然将房屋出租给他，属于违法行为，应当受到相应的行政处罚。

《治安管理处罚法》第六十八条第一款

83 承租人利用出租房屋实施犯罪活动，房屋出租人不向公安机关报告，会受到处罚吗？

某市市场监管局联合公安等部门对一处隐藏在出租大院内的制假窝点开展突击检查，现场查获印有耐克、彪马等品牌商标的服装1000余件。黄某作为大院的所有人，对出租房内的犯罪活动早就知晓但没有报告，他会受到处罚吗？

《治安管理处罚法》规定，房屋出租人明知承租人利用出租房屋实施犯罪活动，不向公安机关报告的，处1000元以上3000元以下罚款；情节严重的，处5日以下拘留，可以并处3000元以上5000元以下罚款。黄某明知承租人利用出租房屋实施犯罪活动，却置之不理、隐瞒不报，属于违法行为，应当受到相应的行政处罚。

《治安管理处罚法》第六十八条第二款

84 典当业工作人员在承接典当的物品时未查验登记,会受到处罚吗?

王先生经营一家典当行。一日,一位客人拿着一枚金戒指来典当,表示给钱就当,王先生高兴地低价收下,未查验权属证明,也没有履行登记手续。没过多久,公安人员找到王先生,告知其这枚金戒指系盗窃案的赃物。王先生会受到处罚吗?

《治安管理处罚法》规定,典当业工作人员承接典当的物品,不查验有关证明、不履行登记手续的,或者违反国家规定对明知是违法犯罪嫌疑人、赃物而不向公安机关报告的,处1000元以上3000元以下罚款;情节严重的,处5日以上10日以下拘留,并处1000元以上3000元以下罚款。王先生作为典当行的经营者,在承接典当的物品时有查验登记的义务;王先生未履行该义务,应当受到相应的行政处罚。

《治安管理处罚法》第七十一条第(一)项

85 收购有赃物嫌疑的物品，会受到处罚吗？

孙某偷了一部名牌手机，以460元的价格卖给某手机店店主王某。王某查验该手机时发现无法解锁，但仍然收购了。后公安机关将孙某抓获，孙某交代了将手机卖给王某的事实。经鉴定该手机正常收购价格约2000元。王某会因此受到处罚吗？

> 手机无法解锁，便宜点收了

《治安管理处罚法》规定，收购公安机关通报寻查的赃物或者有赃物嫌疑的物品的，处1000元以上3000元以下罚款；情节严重的，处5日以上10日以下拘留，并处1000元以上3000元以下罚款。王某以明显低于市场价的价格收购孙某出售的手机，且查验该手机时发现无法解锁，属于收购具有赃物嫌疑物品的行为，应受到相应的行政处罚。需要说明的是，明知是犯罪所得及其产生的收益而予以窝藏、转移、收购、代为销售或者以其他方法掩饰、隐瞒的，达到入罪标准的，构成掩饰、隐瞒犯罪所得、犯罪所得收益罪，将受到刑事处罚。　　《治安管理处罚法》第七十一条第（三）项

86 交通事故中的"顶包"行为会受到处罚吗?

小李爱喝酒,朋友小孙滴酒不沾。一次小李驾车和小孙出游,中午吃饭时小李喝了一瓶啤酒,返程时由于开车打盹儿发生了交通事故。小李是公务员,害怕因此受处分,就让小孙打电话报警,称自己开车发生了事故。后交警调阅监控发现了真相。小孙会因为"顶包"行为受到处罚吗?

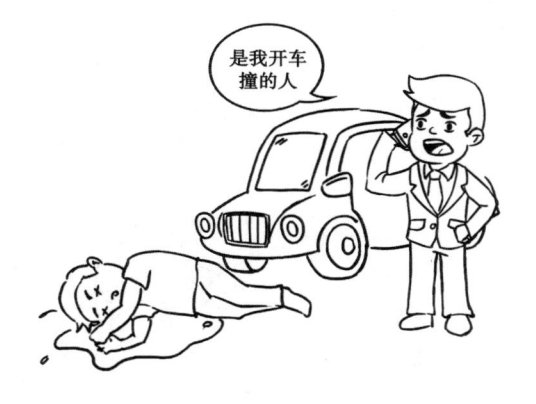

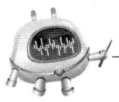

> 是我开车撞的人

《治安管理处罚法》规定,伪造、隐匿、毁灭证据或者提供虚假证言、谎报案情,影响行政执法机关依法办案的,处5日以上10日以下拘留,可以并处1000元以下罚款;情节较轻的,处警告或者1000元以下罚款。小孙的行为属于向执法机关提供虚假证言的行为,影响了行政执法机关依法办案,应当受到相应的行政处罚。需要说明的是,明知是犯罪的人而为其提供隐藏处所、财物,帮助其逃匿或者作假证明包庇的,可能构成窝藏、包庇罪,将受到刑事处罚。

《治安管理处罚法》第七十二条第(二)项

87 偷开他人机动车，会受到什么处罚？

赵某刚学完车，见到车就手痒。一次他发现小区里一辆车竟然没有锁，钥匙也在车上，并且蒙着厚厚的灰尘，好像长期不动的样子。他认为开出去练练，再偷偷放回来，车主不会发现。他开着这辆车出去过了把瘾，但一不小心撞到了树上，导致车辆受损。赵某没敢声张，把车偷偷放回了原处。车主发现后报警。赵某会受到什么处罚？

《治安管理处罚法》规定，偷开他人机动车的，处1000元以上2000元以下罚款；情节严重的，处10日以上15日以下拘留，可以并处2000元以下罚款。本案中赵某偷开他人机动车造成他人车辆损坏，属于情节严重，应当受到拘留、罚款的行政处罚。

《治安管理处罚法》第七十六条第（一）项

88 故意破坏他人坟墓，是否应受处罚？

王某和胡某是同村村民，二人经常因为承包地边界问题发生争执。一天，胡某除草时把王某种在两家承包地交界处的几棵玉米铲掉了。王某非常生气，正在寻思怎么报复时，一眼看到了位于承包地中央的胡某家的祖坟，一气之下把胡某父亲的坟头铲去了一半。王某的行为应受到什么处罚？

《治安管理处罚法》规定，故意破坏他人坟墓的，处 5 日以上 10 日以下拘留；情节严重的，处 10 日以上 15 日以下拘留，可以并处 2000 元以下罚款。本案中王某故意破坏胡某父亲坟墓，应当受到相应的行政处罚。

《治安管理处罚法》第七十七条第（一）项

89 不满民事诉讼结果，把尸体放在法院门口，应受什么处罚？

李某的父亲过马路时闯红灯，被一辆大货车撞死。李某诉至法院要求大货车司机赔偿，法院认定李某的父亲承担主要责任。李某认为法院偏袒大货车司机，就把父亲的尸体拉到了法院大门前，声称得不到满意的赔偿就不移走，引起了大量行人围观。无论法院工作人员怎么劝阻，李某坚持不把父亲的尸体移走。李某的行为应如何处罚？

《治安管理处罚法》规定，在公共场所停放尸体或者因停放尸体影响他人正常生活、工作秩序，不听劝阻的，处5日以上10日以下拘留；情节严重的，处10日以上15日以下拘留，可以并处2000元以下罚款。李某的行为属于在公共场所停放尸体，不听劝阻，应当受到相应的行政处罚。

《治安管理处罚法》第七十七条第（二）项

90 把房子租给他人组织播放淫秽音像是否应受处罚？

黄某租赁方某的房屋经营私人影院。为了留住客户，黄某准备了很多黄色影片提供给顾客观看。黄某也经常邀请方某到他开办的私人影院来看黄色电影。后黄某被公安机关查获。房东方某是否会受到处罚？

《治安管理处罚法》规定，明知他人从事组织播放淫秽音像活动，为其提供条件的，处10日以上15日以下拘留，并处1000元以上2000元以下罚款。方某的行为属于为组织播放淫秽音像提供条件，应当受到治安管理处罚。需要说明的是，组织播放淫秽的电影、录像等音像制品的，可能构成组织播放淫秽音像制品罪，将受到刑事处罚。

《治安管理处罚法》第八十一条第一款第（一）项、第二款

91 为赌博提供场地应受到什么处罚？

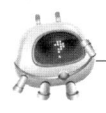

蒋某租赁了迎客宾馆的5个房间开设棋牌馆，招揽客户在棋牌馆内赌博，每人每天收取100元"茶水费"。迎客宾馆经理汪某明知蒋某的棋牌馆内存在赌博行为，仍然继续出租房间，没有向公安机关报告。后公安机关以涉嫌开设赌场将蒋某抓获。汪某出租房间给蒋某，会受到处罚吗？

茶水费收足了，该交租金了

棋牌馆

《治安管理处罚法》规定，以营利为目的，为赌博提供条件的，处5日以下拘留或者1000元以下罚款；情节严重的，处10日以上15日以下拘留，并处1000元以上5000元以下罚款。汪某的行为属于以营利为目的，为赌博提供条件，应当受到治安管理处罚。

《治安管理处罚法》第八十二条

92 玩"炸金花"应受什么处罚？

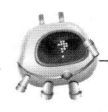

某单位组织培训期间，卓某等3人晚上在房间玩起了"炸金花"，因吵闹声音太大，隔壁房间人员报警，3人被当场抓获。公安机关在现场查获赌资5000余元。卓某等3人会受到什么处罚？

《治安管理处罚法》规定，参与赌博赌资较大的，处5日以下拘留或者1000元以下罚款；情节严重的，处10日以上15日以下拘留，并处1000元以上5000元以下罚款。卓某等3人以"炸金花"的方式进行赌博，应当受到相应的行政处罚。

《治安管理处罚法》第八十二条

93 在自己的菜地里种大麻会受处罚吗?

村民李某和妻子艾某在野外发现了几株大麻,觉得十分好看,便移栽到自己的菜地里,后被公安机关抓获。李某和艾某会受到处罚吗?

《治安管理处罚法》规定,非法种植罂粟不满 500 株或者其他少量毒品原植物的,处 10 日以上 15 日以下拘留,可以并处 5000 元以下罚款;情节较轻的,处 5 日以下拘留或者 1000 元以下罚款。李某和艾某种植的大麻属于毒品原植物,二人应当受到行政处罚。需要说明的是,非法种植罂粟、大麻等毒品原植物,达到入罪标准的,构成非法种植毒品原植物罪,将受到刑事处罚。

《治安管理处罚法》第八十三条第一款第(一)项

94 替他人保管海洛因违法吗？

一天，小张的朋友小王请他帮忙保管一些东西，还神秘地告诉他，一定不能让别人看到，因为其中有一小包"白粉"是5克海洛因。看到小王那么信任自己，小张认为自己不吸毒也不贩毒，只是单纯帮朋友保管，应该不违法，就欣然答应了。小张的行为真的不违法吗？

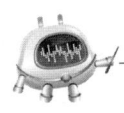

《治安管理处罚法》规定，非法持有海洛因不满10克的，处10日以上15日以下拘留，可以并处3000元以下罚款；情节较轻的，处5日以下拘留或者1000元以下罚款。小张帮助朋友保管海洛因的行为，属于非法持有毒品，是违法行为，应当受到行政处罚。需要说明的是，非法持有毒品数量达到入罪标准的，构成非法持有毒品罪，将受到刑事处罚。

《治安管理处罚法》第八十四条第一款第（一）项

95 引诱他人吸食"彩虹烟",应受什么处罚?

小文和小李是单位同事。一天,小文神秘地拿出一支"彩虹烟",让小李尝一尝。小李猜到是毒品,但还是禁不住小文的劝诱,尝试吸了一口。由于怕常吸上瘾,小李没有再吸。几天后,小李报警,小文被查获。经鉴定,小文给小李吸的"彩虹烟"是新型毒品。小文会受到什么处罚?

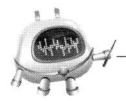

《治安管理处罚法》规定,引诱、教唆、欺骗或者强迫他人吸食、注射毒品的,处10日以上15日以下拘留,并处1000元以上5000元以下罚款。小文的行为属于引诱他人吸毒,应当受到拘留和罚款的处罚。需要说明的是,《刑法》规定了引诱、教唆、欺骗他人吸毒罪,强迫他人吸毒罪,符合入罪条件的,将受到刑事处罚。

《治安管理处罚法》第八十五条第一款

96 广场舞变"扰民舞"是否应受处罚？

张某、李某等人组织了一个20多人的广场舞队,每天晚上8点开始在某小区的中心广场跳广场舞,一直持续到晚上11点才结束。他们跳舞时音箱的音量放得很大,广场周围的居民被吵得无法入睡。居民投诉后,居委会多次劝阻,广场舞队都置之不理。广场舞队的行为应受处罚吗？

《治安管理处罚法》规定,违反关于社会生活噪声污染防治的法律法规规定,产生社会生活噪声,经基层群众性自治组织、业主委员会、物业服务人、有关部门依法劝阻、调解和处理未能制止,继续干扰他人正常生活、工作和学习的,处5日以下拘留或者1000元以下罚款;情节严重的,处5日以上10日以下拘留,可以并处1000元以下罚款。广场舞队在居委会劝阻后继续扰民,公安机关可以对张某、李某以及其他相关人员作出相应的行政处罚。

《治安管理处罚法》第八十八条

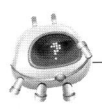

97 不拴绳遛狗，没有伤到人，饲养者就不需要承担法律责任吗？

王某回家途中遇到同小区的赵某正在遛狗且没有拴绳。狗看到王某后，对着她狂吠并在后面追赶，王某报警。赵某认为他的宠物狗并没有伤到王某，自己不应承担责任。赵某真的不需要承担法律责任吗？

《治安管理处罚法》规定，饲养动物，干扰他人正常生活的，处警告；警告后不改正的，或者放任动物恐吓他人的，处1000元以下罚款。赵某带宠物狗外出时不拴绳，致使狗追逐惊吓王某，已经干扰他人正常生活，公安机关可以对其处以警告的处罚；赵某如仍不改正，公安机关可以对其罚款。

《治安管理处罚法》第八十九条第一款

第四章
处罚程序

98 公安机关不予立案，是否需要向报案人说明理由？

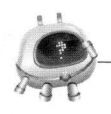

姜某在某村有一处房屋，某镇政府以该房屋属于违法建设为由，组织 100 多人对姜某的房屋实施强制拆除，姜某报警。公安机关初步调查后，告知姜某不予立案。公安机关是否需要向姜某说明不予立案的理由？

《治安管理处罚法》规定，公安机关对报案、控告、举报或者违反治安管理行为人主动投案，以及其他国家机关移送的违反治安管理案件，应当立即立案并进行调查；认为不属于违反治安管理行为的，应当告知报案人、控告人、举报人、投案人，并说明理由。因此，公安机关对姜某的报案决定不予立案，应当向其说明理由。

《治安管理处罚法》第九十条

99 公安机关向有关单位和个人收集、调取证据时，单位和个人应当怎么配合公安机关调查？

某单位职工李某和赵某在单位餐厅互殴，朱某当时没有在场，但事后听同事说起过此事。后来公安人员到某单位调查该案，朱某为了表现自己的重要性，主动找到公安人员，说自己目睹了打架的过程，并绘声绘色地把听说的过程当作自己的所见向警察进行描述，还根据自己的想象编造了李某、赵某打架过程中的对话。朱某这样做对吗？

> 你们可算找对人了，我跟你们讲……

《治安管理处罚法》规定，公安机关办理治安案件，有权向有关单位和个人收集、调取证据。有关单位和个人应当如实提供证据。公安机关向有关单位和个人收集、调取证据时，应当告知其必须如实提供证据，以及伪造、隐匿、毁灭证据或者提供虚假证言应当承担的法律责任。朱某向公安人员谎称亲眼看到打架过程，并编造当事人的对话的做法是错误的。

《治安管理处罚法》第九十二条

100 其他行政执法机关依法收集的证据材料,公安机关办理治安案件中可以作为证据使用吗?

在某地税务机关调查一家企业税务违法问题过程中,企业人员存在妨碍执法的行为,税务机关在移送案件给公安机关时,同时移送了执法记录仪视频等证据材料。在公安机关处理该治安案件时,税务机关收集的证据可以直接作为治安案件证据来使用吗?

《治安管理处罚法》规定,在办理刑事案件过程中以及其他办案机关在移送案件前依法收集的物证、书证、视听资料、电子数据等证据材料,可以作为治安案件的证据使用。因此,税务机关收集的证据可以直接作为治安案件证据,据此认定企业人员的违法事实,对其进行治安管理处罚。

《治安管理处罚法》第九十三条

101 公安机关办理涉及商业秘密的案件有什么特别需要注意的？

B公司为了获取竞争优势，试图通过不正当手段获取A公司的某软件产品代码。A公司发现后向公安机关报案。在调查过程中，公安人员了解到该软件产品的代码属于A公司的重要商业机密，如果泄露可能给该公司带来严重的经济损失。公安机关在办理该案中有什么特别需要注意的？

《治安管理处罚法》规定，公安机关及其人民警察在办理治安案件时，对涉及的国家秘密、商业秘密、个人隐私或者个人信息，应当予以保密。因此，公安人员对涉及A公司某软件产品的商业机密应当严格保密。例如，询问应选择在保密的环境下进行，确保谈话内容不被无关人员知晓；对收集的与商业秘密相关的文件和资料，应当进行妥善保管，防止信息泄露。

《治安管理处罚法》第九十四条

102 民警的近亲属与案件处理有利害关系的,民警办案时需要回避吗?

某社区发生一起盗窃案,被盗物品是一些贵重首饰,民警赵某负责此案的侦查工作。公安机关在调查过程中发现,嫌疑人与赵某的妻子认识,其曾经拿盗窃的物品去赵某妻子经营的首饰店中维修。赵某办理此案时需要回避吗?

老公,我开的店你也要查吗?

××派出所

《治安管理处罚法》规定,人民警察在办理治安案件过程中,遇有下列情形之一的,应当回避,违反治安管理行为人、被侵害人或者其法定代理人也有权要求他们回避:(1)是本案当事人或者当事人的近亲属的;(2)本人或者其近亲属与本案有利害关系的;(3)与本案当事人有其他关系,可能影响案件公正处理的。因此,赵某本人虽然与案件没有直接利益关系,但他的妻子与案件存在一定关系,可能会影响他对案件的公正处理,赵某应当主动回避。

《治安管理处罚法》第九十五条第一款

103 当事人拒绝口头传唤，公安机关可以采取什么措施？

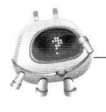

某派出所接到群众报警称有人在商场寻衅滋事。公安人员到达现场时，嫌疑人王某正在与商户们争吵，并有推搡等肢体接触。公安人员出示执法证件后，宣布传唤王某到派出所接受调查。王某气焰嚣张，拒不接受传唤；公安人员反复耐心解释传唤的原因和依据，王某仍然拒绝。此时，公安人员可以采取什么措施？

《治安管理处罚法》规定，对现场发现的违反治安管理行为人，人民警察经出示人民警察证，可以口头传唤，但应当在询问笔录中注明。公安机关应当将传唤的原因和依据告知被传唤人。对无正当理由不接受传唤或者逃避传唤的人，经公安机关办案部门负责人批准，可以强制传唤。本案中，王某无正当理由拒不接受传唤，公安人员经办案部门负责人批准后，可以对王某实施强制传唤。

《治安管理处罚法》第九十六条

104 《治安管理处罚法》对违反治安管理的行为人询问时长有什么要求？

林某从某网购平台购买了一部手机，收货后发现包裹里是一个手机模型，林某怀疑是快递员赵某掉了包，遂报警。晚上 8 时，派出所以涉嫌盗窃为由将赵某传唤到派出所进行询问。赵某坚称他没有掉包，经询问快递公司、调取监控录像，公安机关最终排除了赵某掉包手机的嫌疑，赵某于次日上午 11 时离开派出所。公安人员对赵某询问的时间是否符合规定？

《治安管理处罚法》规定，对违反治安管理行为人，公安机关传唤后应当及时询问查证，询问查证的时间不得超过 8 小时；涉案人数众多、违反治安管理行为人身份不明的，询问查证的时间不得超过 12 小时；情况复杂，依照该法规定可能适用行政拘留处罚的，询问查证的时间不得超过 24 小时。赵某涉嫌盗窃或者销赃，可能适用行政拘留处罚，公安人员对其询问时间并未超过 24 小时，符合法律规定。

《治安管理处罚法》第九十七条第一款

105 公安机关可以单独询问违反治安管理的未成年人吗？

14周岁的小王母亲早逝，最近父亲也因病去世，因遗产继承问题，小王与叔叔老王发生互殴，公安人员接警后将双方传唤到派出所询问。小王是未成年人，但小王父母都已经去世。公安机关可以单独对小王进行询问吗？

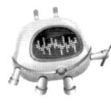

《治安管理处罚法》规定，询问不满18周岁的违反治安管理行为人，应当通知其父母或者其他监护人到场；其父母或者其他监护人不能到场的，也可以通知其他成年亲属，所在学校、单位、居住地基层组织或者未成年人保护组织的代表等合适成年人到场，并将有关情况记录在案。确实无法通知或者通知后未到场的，应当在笔录中注明。小王的父母已经去世，公安机关应当通知小王的其他成年亲属或所在学校、居委会的代表等其他合适成年人到场；确实无法通知或者通知后未到场的，才能单独对小王进行询问，该情况应当在笔录中注明。

《治安管理处罚法》第九十八条第三款

106　公安机关办案时，能扣押个人物品吗？

一天，小张与小李发生争吵，小李一怒之下把小张的手机摔在地上，手机屏幕被摔碎。小张报警。公安人员处理案件过程中，能扣押小张的手机吗？

> 我新买的手机

《治安管理处罚法》规定，公安机关办理治安案件，对与案件有关的需要作为证据的物品，可以扣押；对被侵害人或者善意第三人合法占有的财产，不得扣押，应当予以登记，但是对其中与案件有关的必须鉴定的物品，可以扣押，鉴定后应当立即解除。对与案件无关的物品，不得扣押。本案中，小张的手机属于必须鉴定的物品，并且是与案件有关的证据，公安机关可以扣押。

《治安管理处罚法》第一百零五条第一款

107 公安机关办案中如何确定被毁坏财物的价值？

某日，小张在火锅店吃饭时与邻桌的小李发生冲突，争执中砸毁了火锅店的桌椅；火锅店老板小崔前来劝架时，也被小张打倒在地。公安机关应当如何确定被毁坏财物的价值呢？

《治安管理处罚法》规定，为了查明案情，需要解决案件中有争议的专门性问题的，应当指派或者聘请具有专门知识的人员进行鉴定；鉴定人鉴定后，应当写出鉴定意见，并且签名。本案中，被毁坏的财物价值可以由公安机关委托专门的鉴定机构进行鉴定。

《治安管理处罚法》第一百零六条

108 派出所可否作出拘留的处罚决定？

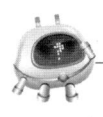

小冯出于好玩的心理，把阳台的泡沫塑料花盆摆件扔出窗外，正好落在路过的汽车上，车主向派出所报案。派出所调查后认为，小冯的行为应当处以拘留 5 日的处罚，派出所能直接作出拘留决定吗？

《治安管理处罚法》规定，治安管理处罚由县级以上地方人民政府公安机关决定；其中警告、1000 元以下的罚款，可以由公安派出所决定。因此，涉及拘留的处罚决定应该由县级以上地方人民政府公安机关作出，派出所无权作出拘留的处罚决定。

《治安管理处罚法》第一百零九条

109 公安机关作出处罚决定前,被处罚人有权进行陈述和申辩吗?

小魏和小陈是同事,双方因工作产生了矛盾,小魏心生不满。为了发泄个人情绪,小魏多次在微信工作群中发布辱骂小陈的信息,小陈遂报案。派出所调查核实后,认为事实清楚,证据确凿,就没有联系小魏听取意见,直接作出了对小魏罚款200元的行政处罚。小魏收到处罚决定书以后,认为派出所剥夺了自己陈述和申辩的权利,将派出所起诉到了法院。派出所的处罚决定合法吗?

《治安管理处罚法》规定,公安机关作出治安管理处罚决定前,应当告知违反治安管理行为人拟作出治安管理处罚的内容及事实、理由、依据,并告知违反治安管理行为人依法享有的权利。违反治安管理行为人有权陈述和申辩。陈述和申辩权是重大程序性权利,本案中派出所未保障被处罚人的陈述和申辩权,处罚决定违反法定程序。

《治安管理处罚法》第一百一十二条

110　公安机关作出的处罚决定都要经过法制审核吗？

公安机关针对小王殴打小张的行为作出了行政拘留5日的处罚决定，小王不服，向法院提起了行政诉讼，称处罚决定书作出之前没有经过法制部门审核，应当予以撤销。小王的说法有道理吗？

《治安管理处罚法》规定，有下列情形之一的，在公安机关作出治安管理处罚决定之前，应当由从事治安管理处罚决定法制审核的人员进行法制审核；未经法制审核或者审核未通过的，不得作出决定：(1)涉及重大公共利益的；(2)直接关系当事人或者第三人重大权益，经过听证程序的；(3)案件情况疑难复杂、涉及多个法律关系的。本案中，对于小王殴打小张的行为作出的行政处罚不需要经过法制审核程序，小王的说法不对。

《治安管理处罚法》第一百一十四条第一款

111 处罚决定书作出 7 日后才送达被处罚人符合法律规定吗？

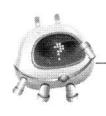

公安机关针对小范寻衅滋事的行为作出了行政拘留 5 日的处罚决定书。处罚决定书作出后，办案民警小郑因工作繁杂，忘记将处罚决定书交给小范。7 日后，小郑才想起来这件事情，赶紧将处罚决定书送达小范。民警小郑的行为符合法律规定吗？

《治安管理处罚法》规定，公安机关应当向被处罚人宣告治安管理处罚决定书，并当场交付被处罚人；无法当场向被处罚人宣告的，应当在 2 日以内送达被处罚人。决定给予行政拘留处罚的，应当及时通知被处罚人的家属。有被侵害人的，公安机关应当将决定书送达被侵害人。本案中，处罚决定书作出 7 日后才送达给小范，不符合法律规定。

《治安管理处罚法》第一百一十六条

112 公安机关作出处罚决定前,都要举行听证吗?

小张是快递公司的快递员。某日,小张向肖某派件时,由于好奇,私自拆开了肖某的快件,想看一下包裹里的物品,肖某发现并报警,公安机关告知小张拟对他作出罚款1000元的处罚决定。小张要求听证,他的要求会被准许吗?

《治安管理处罚法》规定,公安机关作出吊销许可证件、处4000元以上罚款的治安管理处罚决定或者采取责令停业整顿措施前,对可能执行行政拘留的未成年人作出处罚决定前,对其他案情复杂或者具有重大社会影响的案件作出处罚决定前,违反治安管理行为人有要求听证的权利。本案中,小张针对罚款1000元的处罚无权要求听证。

《治安管理处罚法》第一百一十七条

113 公安机关办理治安案件，是否必须在 30 日内办结？

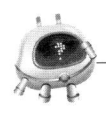

小赵与小郭因琐事发生口角，小赵拉拽小郭时致使小郭受伤，派出所接警后于 11 月 15 日受理案件；11 月 21 日，派出所委托司法鉴定中心对小郭的伤情进行法医学鉴定；12 月 23 日，鉴定机构出具鉴定意见；12 月 25 日，派出所对小赵作出行政拘留 5 日的处罚决定。派出所办案超期了吗？

《治安管理处罚法》规定，公安机关办理治安案件的期限，自立案之日起不得超过 30 日；案情重大、复杂的，经上一级公安机关批准，可以延长 30 日。期限延长以二次为限。公安派出所办理的案件，由所属公安机关批准。为了查明案情进行鉴定的期间、听证的期间，不计入办理治安案件的期限。对小郭伤情鉴定的期间，不应计入办案期限，本案派出所办案未超期。

《治安管理处罚法》第一百一十八条

114 对违法行为罚款 300 元，是否可以当场作出处罚决定？

某日，小王驾车遇到了执行紧急任务的警车，因以前受到过治安管理处罚，心中颇有怨气，故意将汽车停在马路中央阻碍警车通行，公安人员当场决定对小王罚款 300 元。公安人员当场对小王进行处罚合法吗？

《治安管理处罚法》规定，违反治安管理行为事实清楚，证据确凿，处警告或者 500 元以下罚款的，可以当场作出治安管理处罚决定。因此，公安机关可以对小王当场作出行政处罚决定。

《治安管理处罚法》第一百一十九条

115 被处罚人需要参加高考，是否可以先不执行行政拘留？

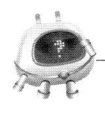

小范是一名高三学生，某日与同学小郑发生冲突，将小郑的头部打伤，后派出所对小范作出了行政拘留 5 日的行政处罚。小范还有 5 天就要参加高考，他能否向派出所申请暂缓执行行政拘留？

《治安管理处罚法》规定，被处罚人不服行政拘留处罚决定，申请行政复议、提起行政诉讼的，遇有参加升学考试、子女出生或者近亲属病危、死亡等情形的，可以向公安机关提出暂缓执行行政拘留的申请。公安机关认为暂缓执行行政拘留不致发生社会危险的，由被处罚人或者其近亲属提出符合法定条件的担保人，或者按每日行政拘留 200 元的标准交纳保证金，行政拘留的处罚决定暂缓执行。故若符合上述要求，可以暂缓对小范执行行政拘留。

《治安管理处罚法》第一百二十六条第一款

第五章
执法监督

116 未成年人的违法记录，其他人可以查询吗？

小周是一名 14 岁的初中生，因在校外与他人打架，公安机关对其作出了行政拘留 6 日的行政处罚。小周违反治安管理被处罚的记录，别人可以查询到吗？

《治安管理处罚法》规定，违反治安管理的记录应当予以封存，不得向任何单位和个人提供或者公开，但有关国家机关为办案需要或者有关单位根据国家规定进行查询的除外。依法进行查询的单位，应当对被封存的违法记录的情况予以保密。因此，除法律规定的上述情形外，其他人不得查询小周的违反治安管理记录。

《治安管理处罚法》第一百三十六条